下ろすだけダイエット

DROP MOTION

石村友見
Tomomi Ishimura

サンマーク出版

どんな行動にも、
必ずそれと等しい反対の
反応があるものである。
――アイザック・ニュートン

To every action there is
always opposed an equal reaction.

先日、「趣味はダイエット、特技はリバウンド」という人にお会いしました。彼女はダイエットをするたびに「ちょっとやせては、またすぐ太る」を10年以上くり返してきたようです。

「意志が弱くて、なかなか続けられないんです……」

と、諦めた様子でしたが、よくよく聞いてみると、彼女のダイエット法は食事を無理に減らしたり、激しいダンスをしたりといった、「続ける」にはあまりに無理があるものばかりでした。ダイエットが「イベント化」してしまっていて、イベントが終わればすぐに太ってしまうわけです。

一生、炭水化物を我慢することはできません。

一生、甘いものを食べないわけにはいきません。

一生、毎日ジョギングをできるわけではありません。

中にはこれらを克服できる意志の強い方がいるかもしれませんが、大抵の人（私も含みます）はそんなことはできません。

ダイエットを成功させるために大切なことは、「無理に続ける」ことではなく、「短期間で体を変え、その後もその体を無理なく維持できる方法」を選ぶことです。

努力のまったくいらないダイエット法などというものは存在しません。私がこの本でお伝えするダイエット法も、「4週間」はある程度の努力が必要です。ただ、その努力を「限りなく小さく」「とても楽しく」できるように、世界最先端の画期的な技術を使ってお伝えしていくつもりです。

おそらく、私がこれからお伝えすることは、あなたのこれまでのダイエットの常識とはかなり違った「意表をつく」方法です。でも、単に意表をついたものではなく、読み進めるうちに、これこそが「効率的なダイエット法」であることがおわかりいただけるはずです。


私をきれいにできるのは、私だけです。

あなたをきれいにできるのは、あなただけです。


そのための武器になるのが、この本で初めて明かされる「やせる動き――ドロップモーション」です。今この瞬間から「変わる楽しさ」を実感してください。

下ろすだけダイエット

DROP MOTION

石村友見

やせて、疲れにくい体になる最高のボディメイク法

目の前に立ちはだかる何十段もの階段。これを「上る」となれば、たちまち憂鬱《ゆううつ》な気持ちになるものです。一段一段上るごとに息はハアハアと荒くなり、太ももに張りが出てきます。やっと上りきった頃にはさらに息が荒くなり、心臓の鼓動がドクドクと速くなったことに気づきます。

新型コロナウイルスの影響で運動不足に陥った人はなおさら、駅の階段や歩道橋などが憂鬱に感じられるものです。階段を上りきったあとに、一旦立ち止まって息を整えている人の姿をしばしば目にするようにもなりました。

旅行先で高台にある「神社」に行くため、何百段もある階段を上ることがあります。せっかくの機会なので意を決して上りはじめたものの、早々に太ももはパンパンになり、息も上がる。

なんとか上りきったものの、翌朝起きると、イタタタタ……「筋肉痛」です。登山したときにも、同じようなことが起こりますね。

Prologue — やせて、疲れにくい体になる最高のボディメイク法

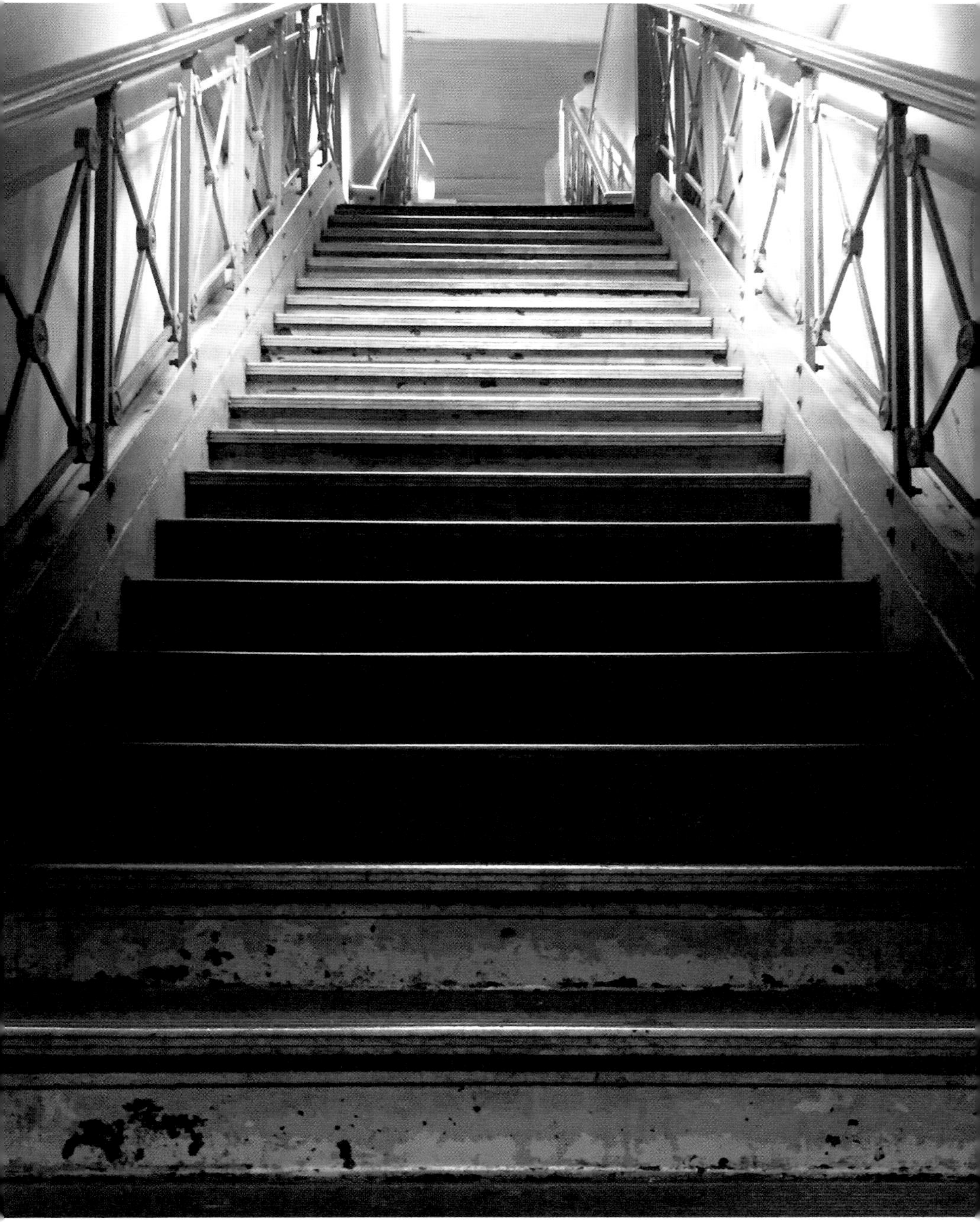

苦しかった上り階段を思い出し、鈍い痛みのある太ももをなでてみる。

「ふだん運動不足だし、あれだけの階段を上ったのだから筋肉痛くらいなるわね……」

ところが、その筋肉痛がほかの原因で起こっているとしたら――⁉

結論から先に言ってしまいましょう。**筋肉痛の主な原因は、階段を「上った」からではなく、「下りた」からだったのです！**

世界最先端の研究では、**筋肉痛は筋肉を「縮ませる運動」をしたときではなく、「伸ばす運動」をしたあとに起こりやすい**ことがわかっています。下り坂を「下りる」ときには脚を「伸ばし」ます。筋肉痛はこれが原因で起こるわけです。

筋肉痛になるということは、それだけ大きな「運動効果」があるということです。「上る」ほうがはるかに大変なのに、ラクな「下りる」ほうが運動の効果が高い……⁉

これを有効に取り入れることができたら、

「ラクなのに、効果が大きいダイエット法が開発できる」

こう考え、研究に着手したのが、ことの始まりでした。

ベストセラー『ゼロトレ』が生まれたニューヨーク

私は、劇団四季に在籍中に『ライオンキング』などに出演したのち、単身ニューヨークに渡りブロードウェイ・ミュージカルを目指しました。

幸いなことに、2000人以上がオーディションに参加した『ミス・サイゴン』のミス・チャイナタウン役に合格して夢の舞台に立つことができましたが、その間に体と心を酷使した結果、5分と立っていられないボロボロの体になってしまいました。

そんな中、ヨガと出会い、ゼロトレの開発を進めました。2018年に拙著『ゼロトレ』を日本で発売すると、またたく間にベストセラーとなり、続編の『動かないゼロトレ』と合わせてシリーズ１００万部を超えました。本がきっかけでたくさんのメディアにも出演させていただき、多くの企業からもコラボレーションのお声がけをいただきました。すべては、読者の方々のおかげです。心より感謝しています。

体の縮みを元の位置（ゼロポジション）に戻すことでやせたり、健康になったりするゼロトレは、私がニューヨークに長年いたからこそ生まれたものです。

ニューヨークは、フィットネスやヨガの世界最先端都市です。ニューヨークで成功すれば、それを世界中に広げられると考えるフィットネス企業がたくさんあります。なにより、ニューヨーカーはフィットネスやエクササイズ、ヨガへの関心がきわめて高く、専属のパーソナルトレーナーを雇ってトレーニングすることも当たり前になっています。

そのため、世界中から超一流のインストラクターが集まってくるので、結果としてフィットネス分野の世界最先端都市になりました。日本で話題になるジムやトレーニング法の多くは、ニューヨーク発祥《はっしょう》です。

腹筋は、
上半身を起こすときは縮み、下ろすときは伸びる

そんなトレーニングの最先端都市、ニューヨークのフィットネス・インストラクターたちが、近年よく使う言葉があります。

「E ccentric!」（イー　セントリック！）

これは「Eccentric Training」（エキセントリック・トレーニング）というトレーニング法のことです。

「腹筋運動」を思い浮かべてください。仰向けに寝て、両ひざを立て、上体を起こしたり、下ろし（倒し）たりをく

り返します。

上半身を起こすときは腹筋を「縮めながら」力を入れます。このように**筋肉を「縮めながら」行う運動を「コンセントリック・トレーニング」**と言います。

次に、上半身を床まで下ろすときは、腹筋を「伸ばしながら」力を入れます（力を入れないとパタンと倒れてしまうので）。このように**筋肉を「伸ばしながら」行う運動を「エキセントリック・トレーニング」**と言います。

とはいえ、難しい理論を覚える必要はまったくありません。

大抵の運動は「上げて、下ろす」をくり返します。腹筋運動も、スクワットも、ダンベル体操も、階段の上り下りも。**上げるときは「コンセントリック」、下げるときは「エキセントリック」です。**どちらの動作がラクに感じるかは言うまでもありませんよね。

ニューヨークでは、「下ろす」動作、つまり「エキセントリック・トレーニング」が注目されています。その理由はいたってシンプルです。

「ラクなのに効果が大きい」からです。

腹筋運動だけを見ても、起こすときはお腹はもちろん、首や肩にも力がガチガチに入って、体も気分もつらいものですが、下ろすときはスーッとラクにできます。

上げたり、上《のぼ》ったりするきつい運動こそが筋肉を鍛えると思っている人は多いはずです。「下ろす」動作に対しては、上げたものを「元に戻す」程度の意識しかないのではないでしょうか。

でも、ダイエットに「効く」のは「上げる」ときではなく、「下ろす」ときだったわけです。これは画期的なことです。ニューヨークのインストラクターたちが「Eccentric!」と盛んに言っている理由はここにあります。

そこで私は、**つらい「上げる動作」をゼロにして、「下ろす動作」だけでやせるメソッドを開発しようと決意しました。**それこそが「Drop Motion」（ドロップモーション）。「下ろす動き」という意味です。もう、つらい「上げる動作」はしなくていいんです！

カロリーを極端に減らしたり、好きな食べ物を我慢したりするダイエット法で一時的にやせたとしても、ほとんどの人はリバウンドをします。

幸か不幸か「おいしいもの」は大抵ハイカロリーです。これらをひたすら我慢し、一生、低カロリー食や糖質制限食で満足できる人など、ほぼいません。それらの甘い誘惑を〝一時的に〟退けてやせたのですから、その我慢をやめれば再び太るのは当たり前です。

とはいえ、つらい運動も続きません。ドロップモーションは、世界最新の運動科学に沿って開発した「ラクで、効果の大きい動き」なので、日々の暮らしに楽しみながら取り入れることができます。

「最近やたら疲れるようになった…」の正体

ドロップモーションには、ダイエット効果以外にも、もう一つ大きな効果があります。**健康効果、特に「疲れにくい強い体」になる効果です。**

新型コロナウイルスが世界に猛威をふるいはじめてからしばらくして、自宅の近くの駅の階段を上っていたときのことです。私は、いつもならスイスイと上れるはずなのに、上り終わったときに「ハアハア……」と浅く、荒い息をくり返していました。マスクが口に張り付いたり離れたりして、不快さが増します。

「おかしい……」

この階段でこんなに息がきれることなんて今までなかったのに。そう言えば、自宅にいても体がいつもより重く、すぐに横になるようになっていました。ちょっとした買い物も、コロナへの恐怖もあり、とても億劫《おっくう》に感じるようになっていました。

そのときはじめて、自分が**「疲れやすくなっている」**ことに気づきました。

「以前の自分と、明らかに違う……」

周囲の人にそのことを話すと、「私もとっても疲れやすくなりました」「ぼくも最近、階段を見るだけでイヤになります」といった声が返ってきました。みんな疲れやすくなっている……。しかも、**「危険な疲れ具合」**であることがわかりました。

一人のスタッフは、階段を上ると心臓がバクバクして怖さを感じることがあると話していました。外出自粛で家から出られなかった高齢の私の母は、「体力が落ちて、何事にもやる気を感じなくなったので、このまま死んでしまうのではないかという恐怖を感じた」と言っていました。

新型コロナウイルスという未曾有《みぞう》の事態に直面して、精神的に疲弊していたこともあると思いますが、**この「疲れ」の正体は「あるもの」が減ったからだと私は考えています。「筋力」です。**

筋肉は「命」を続けるエネルギー源

筋肉は体を動かすためのエンジンの役割を果たしています。**人間は筋肉がなければ、歩くことも、立つことも、座ることも、手を動かすこともできません。**

さらに、体の中では組織や器官がたえず活動していますが、これらも筋肉がなければ動かすことができないのです。心臓の鼓動、腸の蠕動《ぜんどう》運動、そして呼吸。**これら命を守るための運動は、すべて筋肉の収縮が原動力になっています。**

運動不足になれば、当然ながら筋肉は減ってきます。車で言えば、エンジンがサビついた状態になるので、動きが悪くなり、最悪の場合は「停止」してしまいます。

筋力は加齢とともに落ちてきますが、筋トレをしてこれを防ぐことで、健康を保ち、疲れない体に生まれ変わることができます。筋トレというとつらく、過酷なイメージがありますが、ドロップモーションなら、だれでも、どこでも気軽に行うことができます。なにせ「下ろすだけ」なのですから。

「ダイエット」と「疲れにくい体」のダブル効果が期待できる、世界最先端のボディメイク法――それがドロップモーションです。「脂肪」というコンプレックスを取り払い、美しく、快適な体を手に入れてください。本書のテーマは「下ろす」です。

Prologue — やせて、疲れにくい体になる最高のボディメイク法

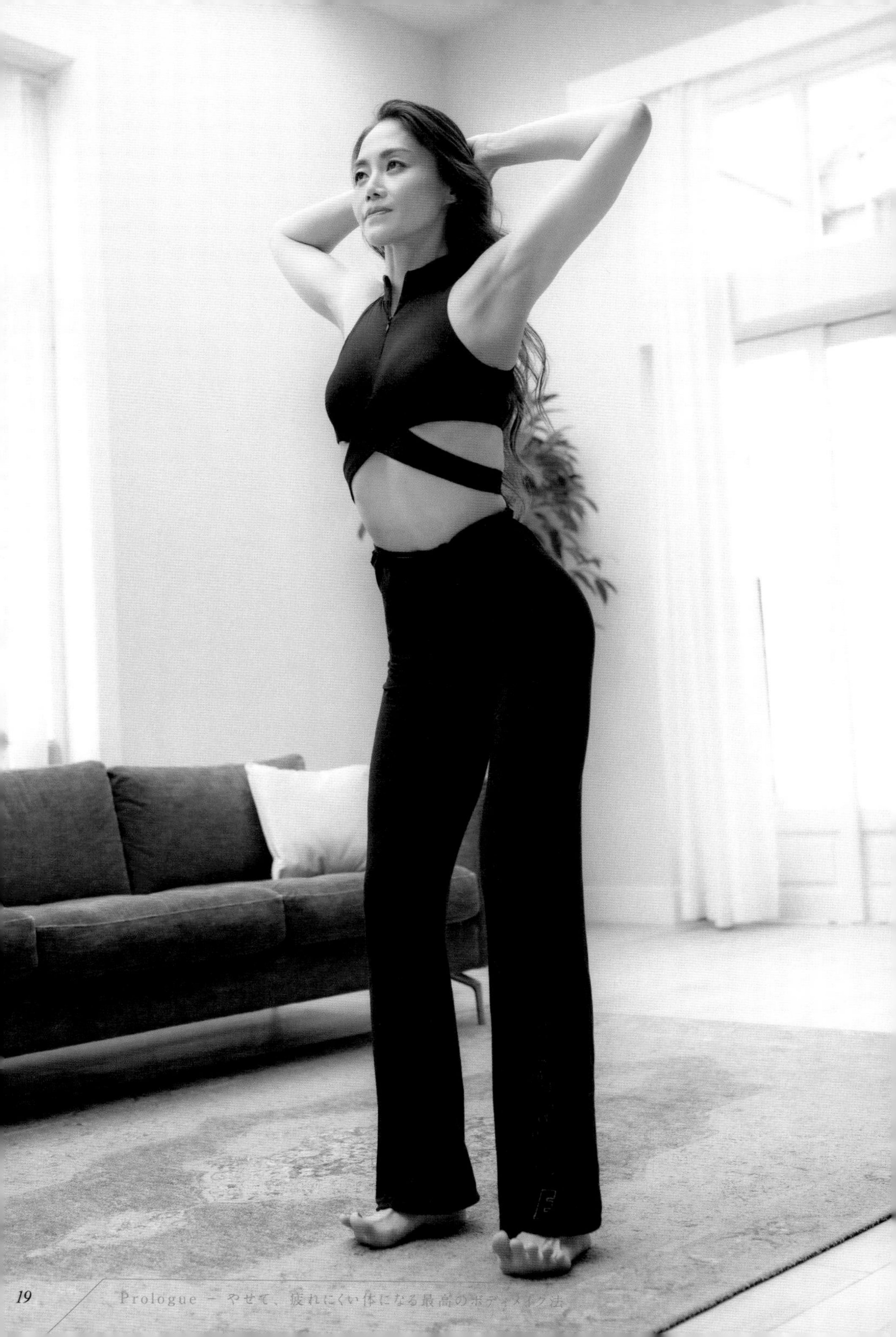

スト 86.1cm減！ のすごい結果!!

ドロップモーションのすごさは体重が落ちることはもちろん、5つの部位（お腹、二の腕、背中、お尻、太もも）をすべてダウンさせることです!

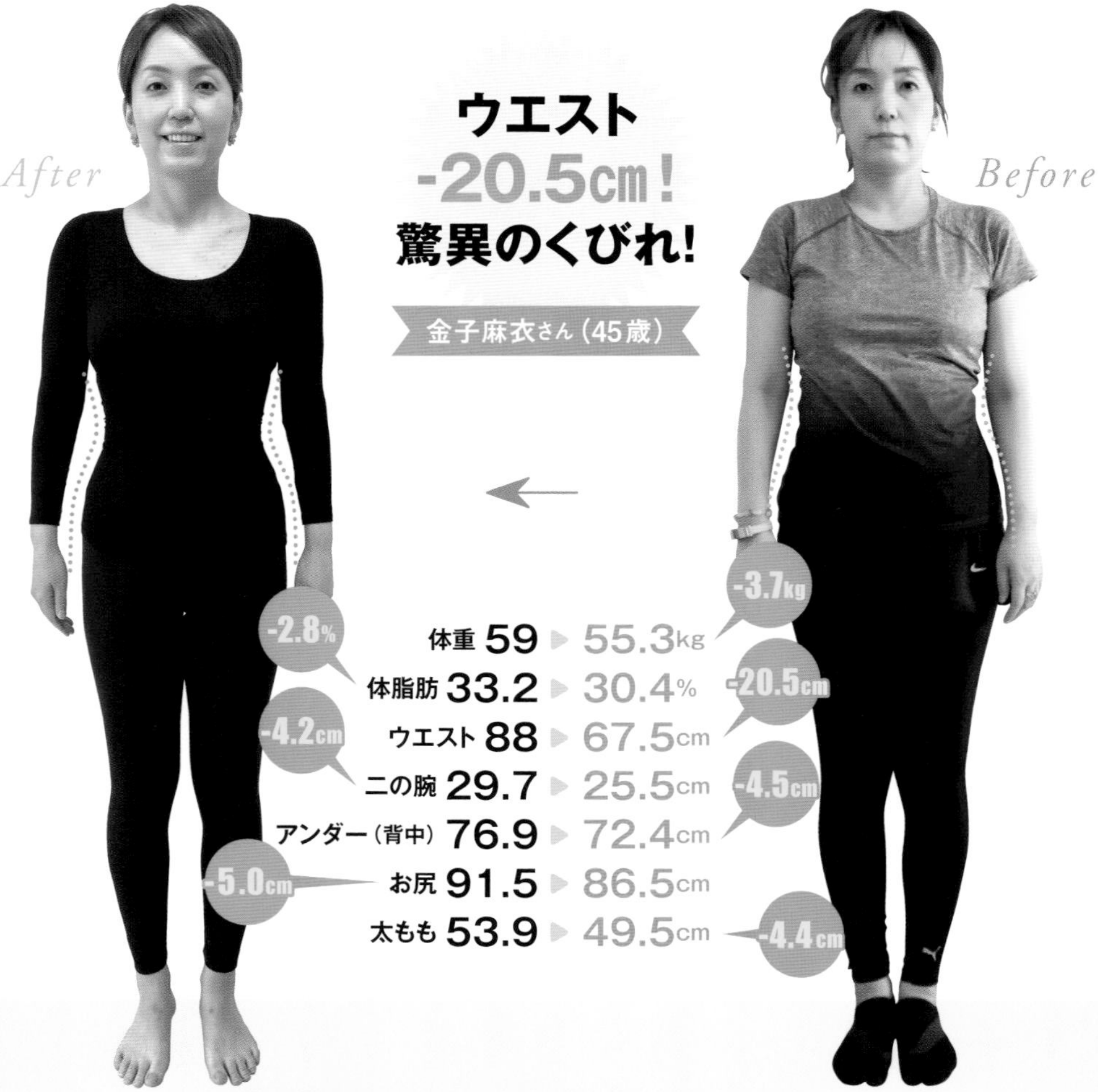

ウエスト
-20.5cm！
驚異のくびれ!
金子麻衣さん（45歳）

体重	59	▶ 55.3kg
体脂肪	33.2	▶ 30.4%
ウエスト	88	▶ 67.5cm
二の腕	29.7	▶ 25.5cm
アンダー（背中）	76.9	▶ 72.4cm
お尻	91.5	▶ 86.5cm
太もも	53.9	▶ 49.5cm

理想の体に近づいた自分を誇りに思います！

日々の変化に一喜一憂せず、コツコツとやるべきことに集中して取り組み、理想とする体に近づけた自分を今は誇りに思います。体も軽くなり、コロナ禍でなければ毎日アクティブに出掛けたいところです。

5人合わせてウエ
体験者さん達

After

Before

体重-11.5kg！
ウエスト-32.0cm！
あらゆるサイズが
劇的にダウン！

秋山里沙さん（32歳）

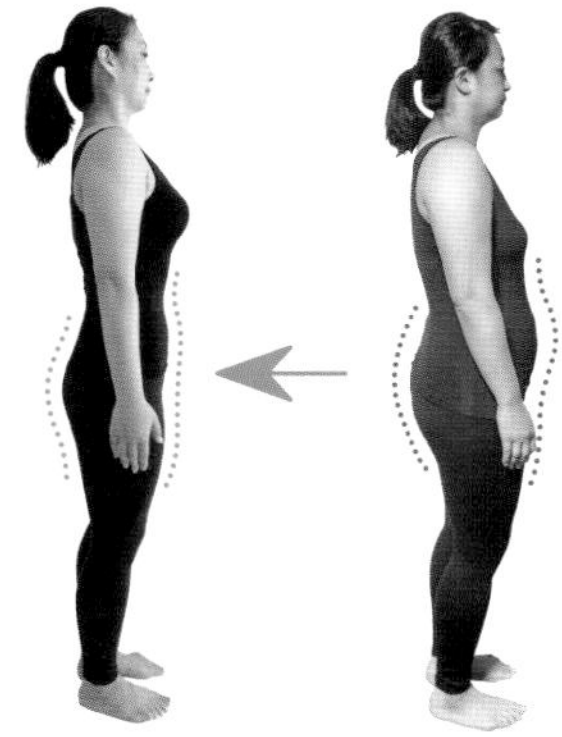

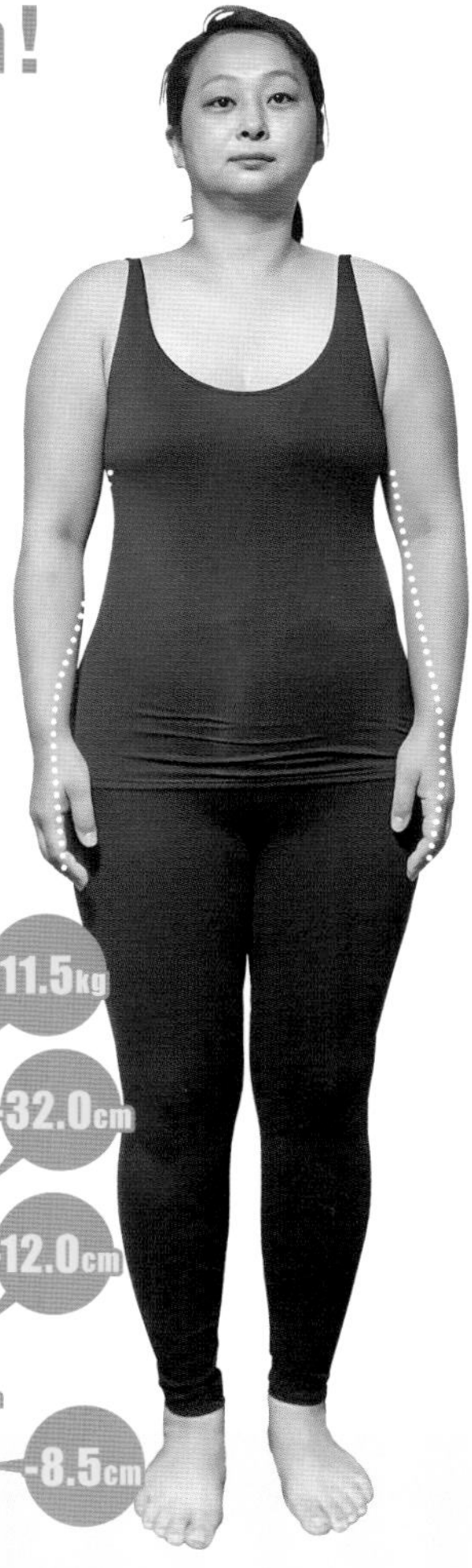

体重	88	76.5kg	-11.5kg
体脂肪	32	26.0%	-6.0%
ウエスト	106	74.0cm	-32.0cm
二の腕	38	31.0cm	-7.0cm
アンダー（背中）	87.5	75.5cm	-12.0cm
お尻	116	101.0cm	-15.0cm
太もも	69	60.5cm	-8.5cm

体が軽く、疲れにくくなりました！

びっくりするほど体が軽くなり、疲れにくい体になりました。苦手な朝もパッと起きられるようになり、子供たちともアクティブに過ごせるようになりました！簡単なのに効果があるし、タイムが伸びていくのが楽しいです！

After

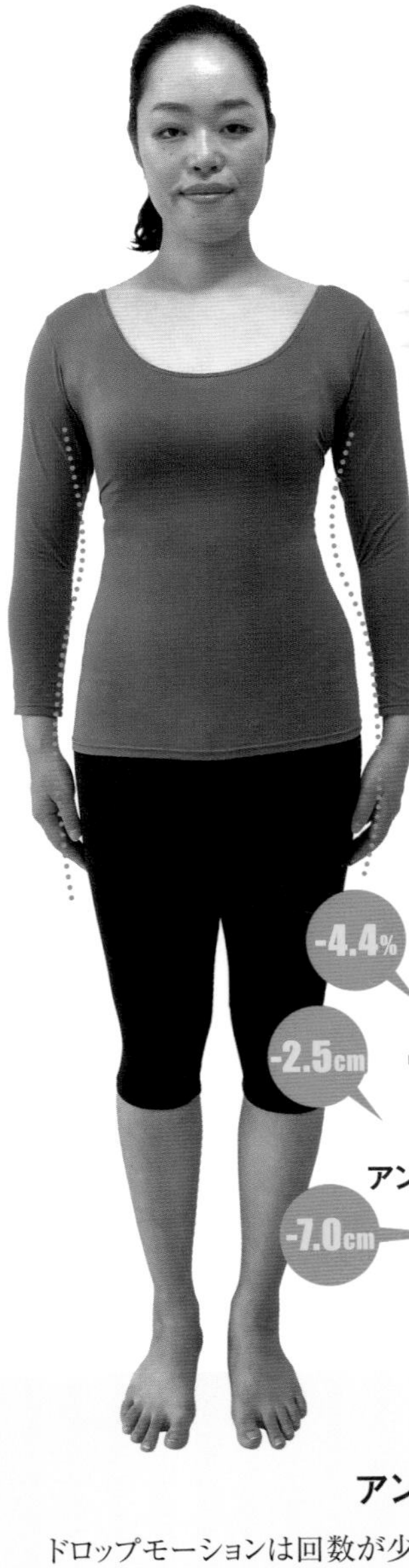

Before

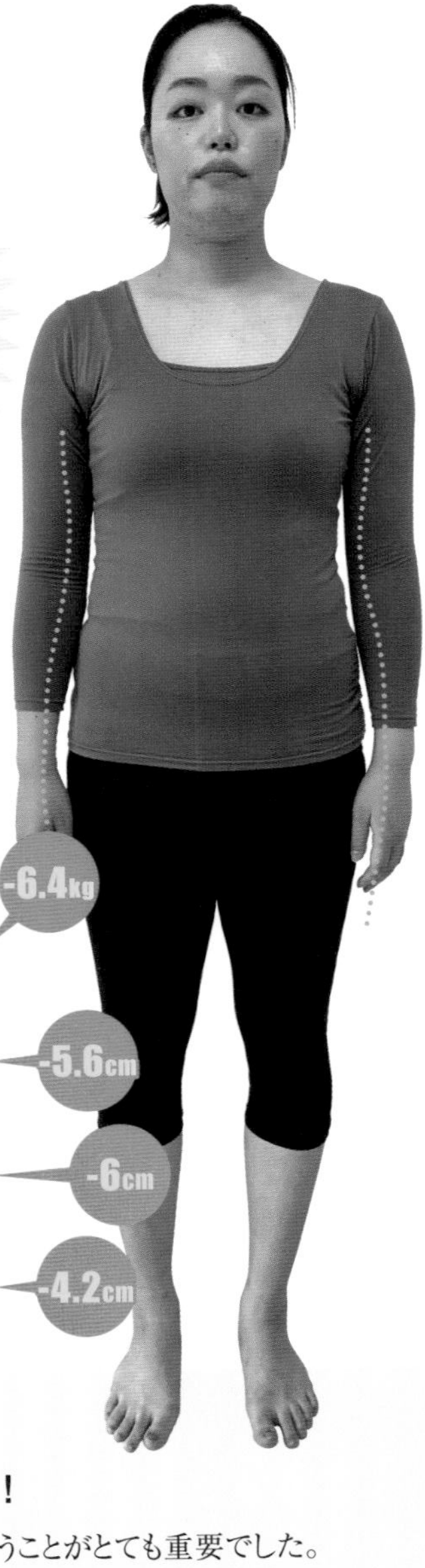

体重 -6.4kg! 小顔になってまるで別人!

石井佳菜子さん（34歳）

体重	71	64.6kg	-6.4kg
体脂肪	35.3	30.9%	-4.4%
ウエスト	80.6	75.0cm	-5.6cm
二の腕	30.4	27.9cm	-2.5cm
アンダー（背中）	81	75.0cm	-6cm
お尻	100	93.0cm	-7.0cm
太もも	59	54.8cm	-4.2cm

アンダーバストの変化にびっくり！

ドロップモーションは回数が少ないからこそ一回一回を丁寧に行うことがとても重要でした。アンダーバストの変化がとても大きく、また、今まですぐに疲れていた体が少しずつ動かせるようになりました！

After　Before

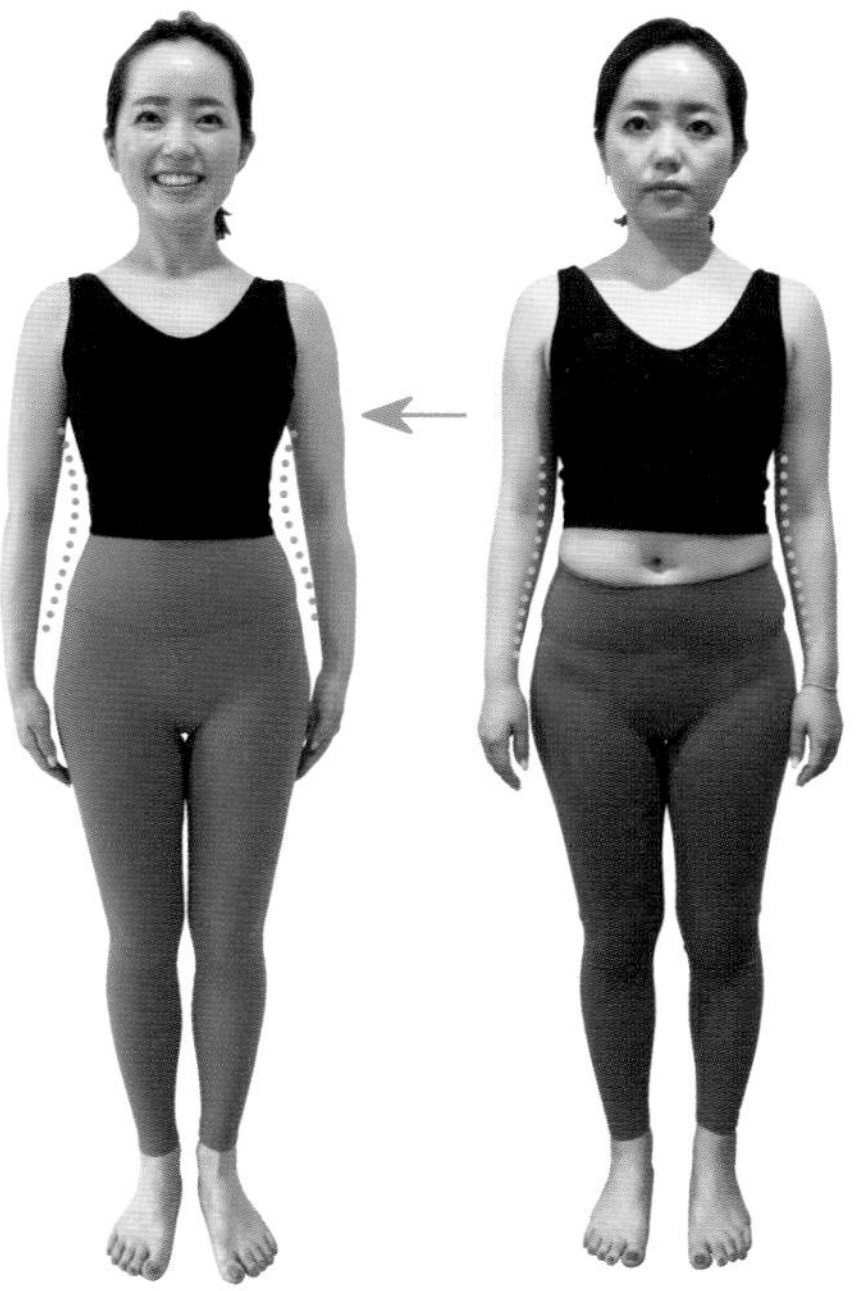

体重 -5.3kg！ウエスト -13.0cm！

吉村和花さん（33歳）

体重	49.4	44.1kg	-5.3kg
体脂肪	29.7	25.1%	-4.6%
ウエスト	73	60.0cm	-13.0cm
二の腕	25	23.0cm	-2.0cm
アンダー（背中）	70	64.5cm	-5.5cm
お尻	90	84.1cm	-5.9cm
太もも	52	47.3cm	-4.7cm

食べることへの罪悪感がなくなりました！

贅肉がなくなり女性らしい体つきになり、服のサイズも全てダウン。周りからも、表情が明るくなり綺麗になったと言われました。

After　Before

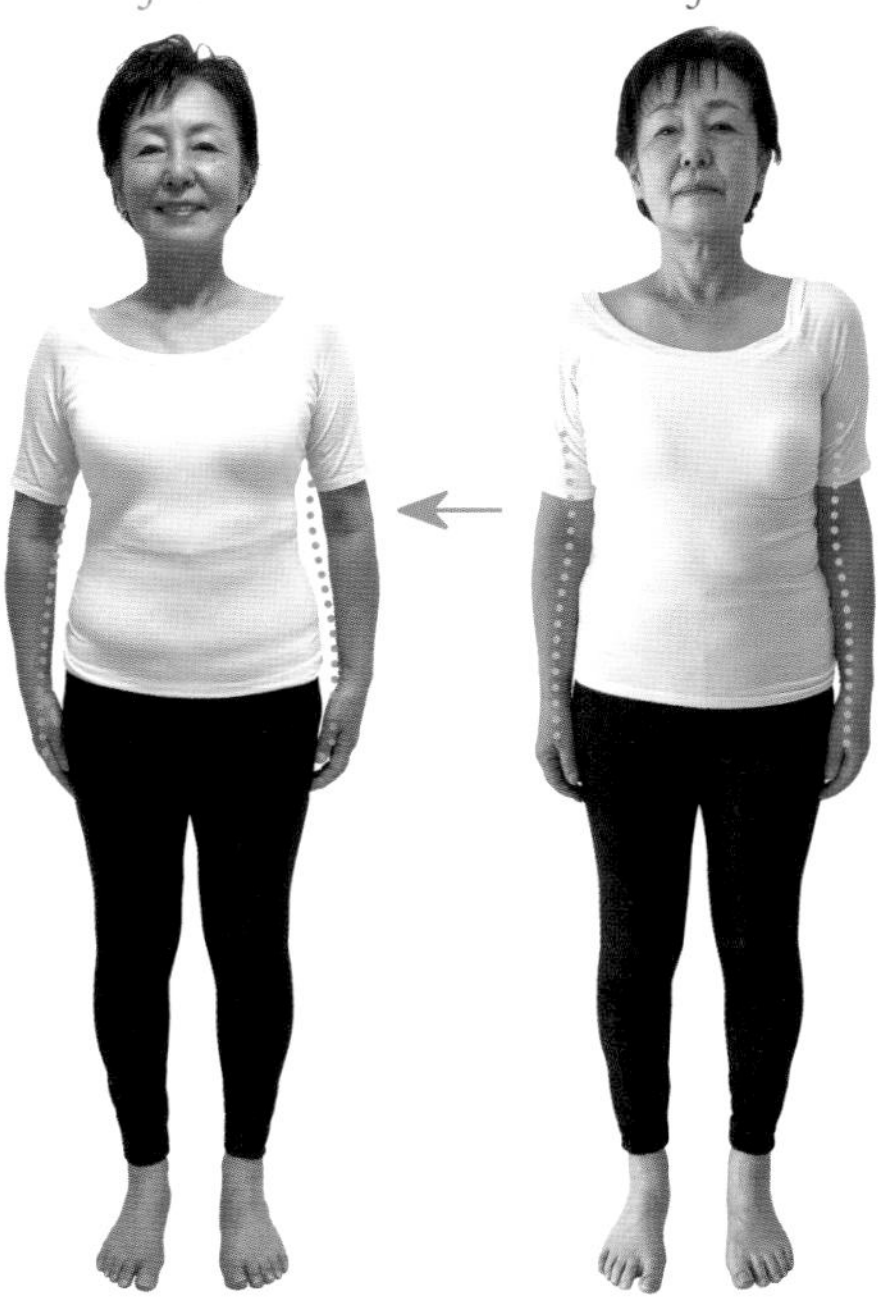

ウエスト -15cm！肩こりも解消！

三浦敦子さん（65歳）

体重	61	58.1kg	-2.9kg
体脂肪	38.1	36.7%	-1.4%
ウエスト	98	83.0cm	-15.0cm
二の腕	30	25.6cm	-4.4cm
アンダー（背中）	83	76.4cm	-6.6cm
お尻	98	94.5cm	-3.5cm
太もも	55	51.6cm	-3.4cm

股関節痛が消えました！

去年着ていたパンツがゆるくなりました！股関節痛も消えて、歩くことが楽しくなりました。今では歩幅が広がり、横断歩道の白線の上だけを歩くことができます！

下ろすだけダイエット　目次

DROP MOTION

第1章

なぜ、下ろすだけでやせるのか？

第2章

実践！ドロップモーション

終章

「ドカ食い」を防ぐドロップ瞑想とは⁉

巻末特別付録

下ろすだけダイエットカレンダー

第1章

なぜ、下ろすだけでやせるのか？

DROP MOTION

運動は「上げる」と「下ろす」のくり返し

モノを持ち上げたら、下ろします。

腹筋運動は上半身を起こしたら、また倒します。

スクワットは腰を落としたり、上げたりします。

山に登ったあとは下りますし、ジャンプも跳び上がったら、そのあとは地面に下ります。


運動においては、「上げる」と「下ろす」はいつだってセットです。

そして、大抵は「上げる」ときはつらく、「下ろす」ときはラクに感じます。

もしも、「上げる動作」を一切行わず、「下ろす動作」だけでやせることができたら、ダイエットはラクで、とっても楽しくなるはずです。

しかし、そんなことは可能なのでしょうか⁉

冒頭でもご説明した通り、世界最先端の研究では、「上げる動作」よりも、「下ろす動作」のほうが「筋肉痛」になりやすいことがわかっています。**筋肉痛になるということは、それだけ筋肉が鍛えられている証拠です。**

「上げる動作」のほうがきついのに、ラクな「下ろす動作」で筋肉痛になるのはなぜでしょうか。

ここからはほんの少しだけ筋肉の仕組みについてご説明します。かなりシンプルにお伝えしますが、「めんどうな理論はいいわ」という人は飛ばしちゃってくださいね。「仕組みを知っておきたい」という人は少しだけおつきあいください。

「下ろすだけ」なのに、筋肉が鍛えられるわけ

筋肉は「筋繊維《きんせんい》」という細い繊維の束でできています。イメージは、藁《わら》に包まれた「納豆」みたいな感じです。

例えば、腹筋運動のとき。仰向けに寝た状態から、上半身をぐっと上げる（起こす）ときには、お腹まわりの筋肉が「縮む」のですが、このときに使われる筋繊維の数を

100とします。

次に、上半身をゆっくり下ろし（倒し）ていくときは、お腹まわりの筋肉が「伸ばされ」ますが、このときに使われる筋繊維の数は50程度だと考えられます。

つまり、**上げる（縮める）ときは100使われていた筋繊維が、下げる（伸ばす）ときには50しか使われない現象が起こるわけです！**

会社にたとえるなら、「上げる仕事」のときは総勢100人の社員が汗水たらして必死に働きますが、「下ろす仕事」のときは50人だけががんばり、残りの50人は「サボっている」状態です。

100人中、サボっている社員が50人もいるわけですから、会社全体としては「のんびりモード」。ラクに感じるのはこのためです。

ところが、汗を流している50人は大変です！ **一人一人の「仕事の負担」は大きくなります。** サボっている人たちに、「おーい、きみたちもちゃんと働いてくれよ！」なんて思っているかもしれませんね。こうして少ない人数で働くからこそ、その人たちはしっかり鍛えられ、筋肉痛にもなるわけです。

階段を「下りる」ときには、太ももの筋肉が「伸ばされる」。このときに動員される筋繊維の数は、「上る」ときの2分の1程度だと考えられる。

腹筋運動に限らず、階段を「上る」ときより、「下りる」ときに筋肉が鍛えられるのも同じ理由です。

最初は「1日おき」でOK!

では、この「下ろす運動」、どのくらいの頻度《ひんど》で行うのがいいのでしょうか?

筋肉がダメージを受けたり疲労が蓄積したりすると、筋力は一時的に落ちます。この疲れた状態でまた運動してしまうと、筋肉が成長せず、疲れがますますたまってしまいます。

日頃、運動不足の人は、48時間程度の「お休み」が必要になります。この期間はしっかりお休みしてから、また同じ運動を行うと、脂肪が燃焼し、筋肉は成長します。これを**「超回復」**と言います。この「超回復」の期間は、無理せず、筋肉をゆったりと休めてあげるほうが効果的です。

ドロップモーションを行う期間は「4週間」が目安です。最初の頃は体そのものが筋トレに慣れていないため、無理は禁物です。そのため**1週間目は「2日に1回」の**

ペースで行うといいでしょう。

そして慣れてくる2週目から「毎日」行ってみてください。

「下ろす運動」の魅力に、お気づきの人も多いかもしれませんね。「下ろす」は「上げる」に比べて、

- **体感的にも、気分的にもラクで**
- **筋肉を鍛えることができて**
- **最初は毎日やらなくていい！**

これって、超画期的なことだと思いませんか⁉　この「下ろす運動」をメインにしたダイエット理論は、フィットネスの世界最先端都市・ニューヨークでとても注目されています。

世界最先端の「やせる動作」――それこそが「下ろす運動」なのです。

どうすれば「上げる」をゼロにできるか

ここまでで、「上げる」動作よりも、「下ろす」動作のほうが、ラクで、効果が高いことはおわかりいただけたと思います。さて、大切なのはここからです。この最先端のトレーニング理論を、ダイエットにどう取り入れるか。最大の問題は、動作というのはつねに「上げる」と「下ろす」がセットであることです。

スクワットは腰を下ろしたあと、上げて元の姿勢に戻ります。

腹筋運動も、上げて、下ろす、をくり返さなければなりません。

「下げる」ラクさと効果だけが欲しいのに、「上げる」動作と交互にくり返したのでは意味がありません。これでは、従来の「筋トレ系のダイエット法」と何ら変わらなくなってしまいます。どうすれば「上げる」動作をゼロにして、「下ろす」動作だけにできるのか!?

来る日も来る日もそれを考えた結果、一つのシンプルな結論にたどりつきました。

それは、**「回数を1回だけにする」**ということでした。つまり、「下ろす」方向のみの「一方通行」にするわけです。

ここで、ドロップモーションの一つをご紹介します。名付けて**「腹筋ドロップ」**（P58参照）です。次のページを見てください。仰向けに寝て、両脚を天井に向けて上げ、そこからゆっくり、ゆっくり、「下ろし」ていきます。回数はたった1回。**こだわるのは「秒数」です。床まで、何秒かけて下ろすことができるか**、試しにやってみてください。

日頃ヨガとダンスで鍛えている私の会社のスタッフにやってもらったところ、何と「135秒」もかけて下ろすことができました。

一方で、全く運動習慣のない事務系のスタッフにやってもらったところ、わずか10秒ほどで全身が「ぷるぷる」と震えだし、半分ほど下ろしたあたりで「ブレーキ」が外れて、脚がバタンと床に落ちてしまいました。その間、20秒ほどでしょうか。

たった1回の「下ろす」動作ですが、135秒もかけて下ろせる人もいれば、わずか20秒でバタンと落ちてしまう人もいる。

一方で、二人には2つの共通点がありました。一つは**「脚を下ろすだけだから気楽」**と口をそろえたこと。もう一つは**「お腹だけにピンポイントに効きます！」**と興奮気味に話したことです。

やせたい部位を狙い撃ち!

そうなんです。「ドロップモーション」の大きなメリットは、他の部位に余計な力が入らず、効かせたい部位、特に**体幹にピンポイントに効かせることができる**ことです。

一般的な腹筋運動は、筋力の弱い女性には大変きついものです。本来はお腹だけを引っ込めたいのに、体を起こすのがきついあまり、肩や首にガチガチに力が入って肩こりになったり、無理に上げて腰を傷めてしまったりします。

腹筋に限った話ではありません。「上げる動作」はきついので、余計なところに力が入りがちです。その結果、ケガをしたり、鍛えたい部位を効果的に鍛えられなかったりします。

お尻だけを引き締めたかったのに、太ももが太くなってしまった……。

二の腕だけを引き締めたかったのに、なんだか首が太くなってきた……。

こんな経験はないでしょうか？　狙った効果が得られず、しかも、望んでいない「副作用」が起きてしまう。**実は、この「副作用」を起こしているのは、大抵「上げる動作」によるものです。**

一方、「ドロップモーション」は、「下ろす」だけなので、他の部位に余計な力の入りようがなく、鍛えたいところだけをピンポイントに狙い撃ちできるわけです。

「たった1回」で本当に効くのか？

では、本当に「たった1回」の動作でダイエット効果は望めるのでしょうか？　筋力トレーニングの世界には、重さと回数を決めるときに**「RM法」**というものが用いられます。ＲＭとは repetition maximum（レペティション・マキシマム）の略で、簡単にいうと、**「その運動を何回くり返すと効果があるか」**を表すものです。

「1回」が限界の負荷を「1ＲＭ」、「5回」が限界の負荷を「5ＲＭ」と呼びます。

腹筋運動で、上半身を「たった1回」ゆっくりと時間をかけて倒すなら「1ＲＭ」。

5回くり返すのが限界のスピードなら「5RM」です。

実は、「何回やるか」によって、「筋肉のつき方」が変わります。

1回やるだけで限界のゆっくりとしたスピードで動作すれば「筋力アップ」につながります。

一方、10回や20回できるスピードで行うと、「筋力アップ」だけでなく、「筋肥大《きんひだい》」が起きます。筋肥大とは筋繊維が肥大し、筋肉の体積が大きくなることです。簡単にいうと、**体が「太く、大きく」なっていくような鍛え方**です。もしもあなたが、ボディビルダーのように筋肉の体積を大きくしたいのなら、これでいいかもしれません。

しかし、**「美しく、女性らしい丸みのある体」**になりたいのなら、これは逆効果です。「筋トレ女子」なる言葉が流行ったくらい、日本でも女性の筋トレが一般的になりました。でも、よーく考えてみてください。筋トレのやりすぎで、女性らしい細長く、柔らかい曲線美を失い、ゴツゴツとした男性的な体になってしまった人が周囲にいませんか？

以前、ニューヨークでも女性の筋トレブームが起きました。その結果、何が起きたか――。みんなゴツゴツした筋肉質の体になり、太ももや首が太くなったり、お尻が大きい男性的な体形になったりしました。

これでは、いくら腹筋が割れたところで、元も子もありません。

その後、激しい筋トレブームは終わり、「適度な負荷」による、女性らしいふんわりと丸みのある体をみんなが求めるようになりました。

筋トレの回数というのは、多くやればいいというものではありません。むしろ、回数を増やせば増やすほど「筋肥大」が起きて、女性らしい体とはかけ離れていくというのがフィットネスの世界の常識です。

1方向に、たった1回。1RM。

これは単にラクだからそうするのではなく、これこそが、脂肪を燃焼させて筋力をつけながら、女性らしい美しくて柔らかい体になる秘訣《ひけつ》なのです。

「ドロップモーション」は3つのONE!

たった１回「下ろすだけ」。上げる動作よりもはるかにラクに感じられ、やせたいところにピンポイントに効き、回数はわずか１回。しかも、すらっとした美しい体になる。

そんな魔法のようなやせる動作――それがドロップモーションです。ドロップモーションは３つの「ＯＮＥ」で構成されています。

ONE WAY
1方向に

ONE TIME
たった1回

ONE MOTION
下ろすだけ

悩みの多い５つの部位――お腹、二の腕、お尻、背中、太ももごとにドロップモーションを開発しました。次の章ではいよいよ、その全貌《ぜんぼう》を明らかにします。

第2章

実践！ドロップモーション

DROP MOTION

Drop Motion

5つのメリット

MERIT 1

体も気分もラクなのに
ヤセ効果バツグン！

「下ろす」動作なので、体も、気分もラク。そのため、楽しくできて、継続しやすい。ラクなのに、使われる筋肉（筋繊維）にしっかり負荷がかかるため、脂肪燃焼効果が高くなります。

MERIT 2

やせたい部位に
ピンポイントで効く！

「上げる」動作に比べて、「下ろす」動作は無駄な動きが抑えられ、余計な部位に力が入らないので、引き締めたい部位だけを狙い撃ちできます。

MERIT 3

疲れにくい
強い体になる!

筋肉は、体を動かすエネルギー源。車のエンジンと同じなので、これをしっかり鍛えることで、いくつになっても強く、疲れにくい体でいられます。

MERIT 4

暮らしに無理なく
取り入れられる

1回を「限界」と感じる秒数だけやればよく、何セットもやる必要がないので、忙しい人でも暮らしに取り入れやすいです。

MERIT 5

女性らしい
美しい体形になる

引き締めたい部位を狙い撃ちでき、かつ、筋肉の体積が大きくならないように1回（1RM）だけ行うので、女性の場合、ゴツゴツした男性らしい体になる心配がありません。女性らしい、適度に丸みがあって、すらっとした体形をつくることができます。

Drop Motion

5つのポイント

POINT 1

3つの「ONE」を守る

ONE WAY（1方向に）、ONE TIME（たった1回）、ONE MOTION（下ろすだけ）。

POINT 2

回数ではなく「秒数」にこだわる

ドロップモーションは、何回もやる必要はありません。回数は「1回」。その1回を「何秒かけて」下ろせるかを大切にしてください。はじめは10秒や20秒しかもたない人でも、続けているうちに、30秒、1分とタイムが伸びてくるはず。そうしたら、筋肉が引き締まってきた証拠。記録（秒数）を伸ばす楽しさを味わってください。

POINT 3

期間は「4週間」を目安に

はじめる前に体重や体脂肪率、各部位のサイズを測定し、全身の写真を撮ってください（体形がわかる服装で）。期間は「4週間」が目安です。ドロップモーションはやせることはもちろん、筋肉をつけることで長生きするための運動なので、その後も週に1回か2回でいいので、継続してみてください。

POINT 4

1週目は「1日おき」でOK。2週目からは「毎日」

1週目は体が慣れていないので毎日行う必要はありません。「月曜、水曜、金曜、日曜」など1日おきに行うことで疲労を回復させてください。慣れてくる2週目からは毎日行ってみて。

POINT 5

「ぷるぷる震える部位」を意識する

ドロップモーションの最中に、筋肉がぷるぷると震えだしたら「効いているサイン」。問題は「どこが震えているか」ということ。詳しくは次ページで。

＊体重、ウエスト、秒数などの「記録」は巻末の特別付録『下ろすだけダイエットカレンダー』をご活用ください。

「ぷるぷる震える」のはどこ？

再三お伝えしているように、ドロップモーションは「下ろす」だけの動作ですから、「上げる」動作に比べて、かなり気分がラクです。にもかかわらずとても効果的です。

ドロップモーションはひと言で言うと、

重力に対して、ブレーキをかけながら抗《あらが》うエクササイズ。

動作をはじめたあと、ブレーキをかけないとストンと落ちてしまいます。そうならないように、ブレーキをかけながらゆっくりと、秒数をかけて下ろしていく。これが、ドロップモーションです。

ゆっくり下ろしていくと、体にあるサインが現れます。「ぷるぷる震えだす」のです。

日頃、運動不足の人ほど、最初は震えが大きいかもしれませんが、これは**筋肉が鍛えられて脂肪が燃焼している証拠**です。

次の点を意識しながら行ってみてください。

どこが震えているか？

Point 1

例えば、58ページの「腹筋ドロップ」であれば、鍛えているのは「腹筋」です。そのため、正しい動作を行えていれば、**お腹を中心に震えが起きる**はずです。もしも、首や二の腕などが震えていたら、他の部位に余計な力が入っていたり、姿勢が悪かったりして、肝心の部位を鍛えられていない証拠です。こんなときは**もう一度はじめのポジションに戻り、鍛えるべき部位に意識を集中させ、他の部位はリラックスさせてやり直してください。**

はじめから追い込みすぎない

Point 2

ドロップモーションの動作は、後半になればなるほど震えも大きくなってきます。**最初は無理をせず、適度な秒数で終了させてください。**回数を重ねるごとに筋肉がつき、タイムも伸びてきますので、はじめから限界まで挑戦する必要はありません。

それでは、いよいよ実践法をご紹介します。

ドロップモーション

用意するもの

ドロップモーションは道具を必要としません。ヨガマットとバスタオルがあればベターですが、わざわざ購入する必要はありません。道具要らずで、どこでもできます。

ドロップモーションを行ったら、「疲労回復ストレッチ」（P99参照）を行うと、筋肉の疲れが取れやすくなります。

ョンはこの5つ

イムが伸びれば伸びるほど筋肉が引き締まってきた証拠です！

01 腹筋ドロップ

P58

02 二の腕ドロップ

P64

ドロップモーシ

毎回、次の5つを「1回ずつ」行ってください。1回のタ

03

P70

お尻ドロップ

04

P76

背中ドロップ

05

P82

太ももドロップ

Drop Motion

01

腹筋ドロップ

Abs by Drop Motion

お腹の脂肪をなくし、
キュッとくびれた
ウエストをつくるならこれ。
お腹の奥深くの
体幹を鍛えられるので、
腰痛の予防効果も大！

やせる部位
お腹まわり

理想の秒数
60秒以上

基本のやり方

注：妊娠している方や腰にヘルニアなどの痛みのある方は、医師に相談の上行ってください。
運動中に体のどこかに強い痛みを感じた場合は直ちに中止してください。

本の購入者向け特典動画

「Movie Book」は以下よりどうぞ。

【動画入手先】

https://www.sunmark.co.jp/dropmotion/mb

上記のリンク（QRコード）先のページより
お客様のメールアドレスを登録して頂くと
本書の内容やエクササイズを映像化した
「Movie Book」がメールで届きます！

＊「Movie Book」の詳しい内容は裏面をご覧ください。

『DROP MOTION 下ろすだけダイエット』

サンマーク出版

本の購入者向け特典動画
「Movie Book」

【主な内容】

- ●ドロップモーションとは何か？
- ●5つのドロップモーションの実践法
- ●5つの疲労回復ストレッチの実践法
- ●ドカ食い防止！ドロップ瞑想の実践法 他

＊「Movie Book」の入手法は裏面をご覧ください。

『DROP MOTION 下ろすだけダイエット』

サンマーク出版

Point

手のひらで床をぐっと押しながら行う

床をぐっと押すことで肩が開き、首や肩に余計な力が入らず、腹筋だけを効果的に鍛えることができる。

NG

腰が反り、アゴが上がる

こうすると腰を傷めやすく、太ももにも力が入って脚が太くなってしまう。

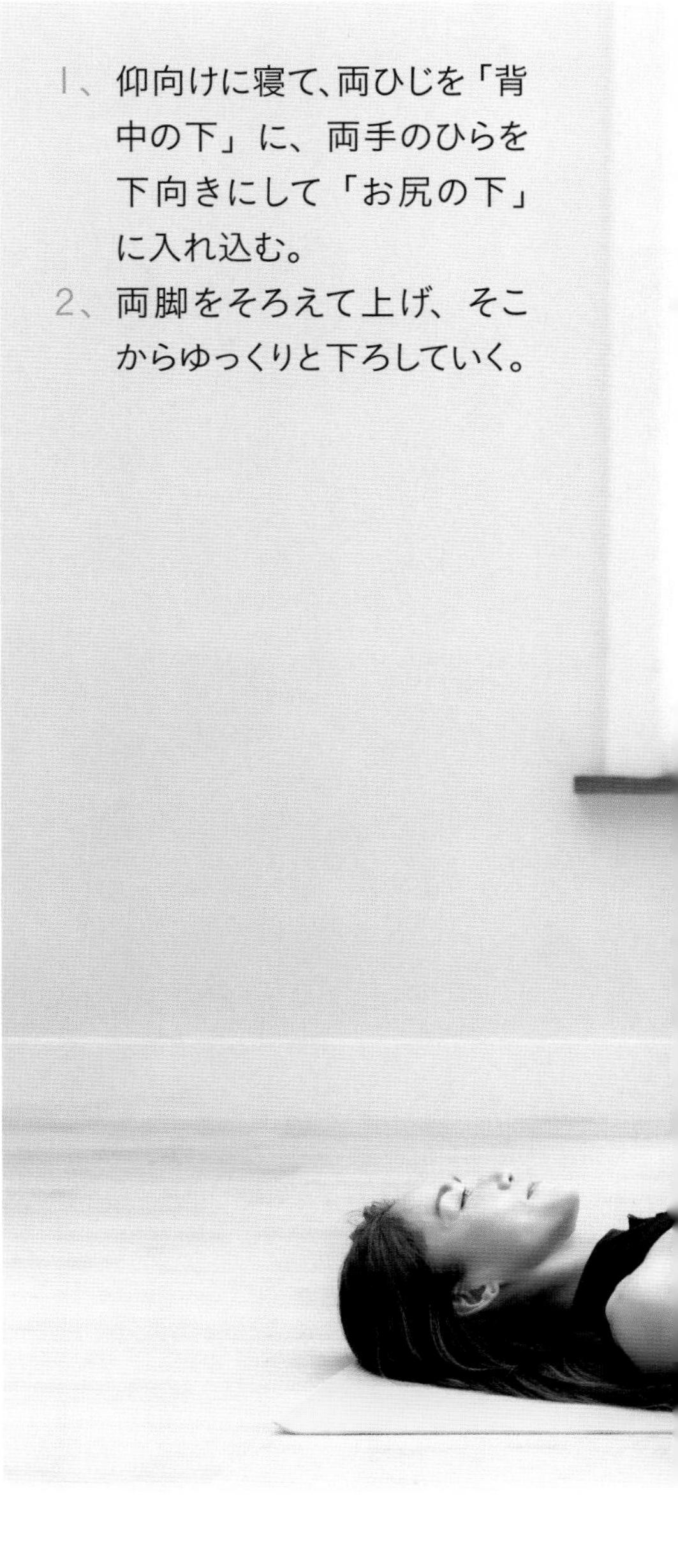

1、仰向けに寝て、両ひじを「背中の下」に、両手のひらを下向きにして「お尻の下」に入れ込む。

2、両脚をそろえて上げ、そこからゆっくりと下ろしていく。

負荷を軽くしたい場合

ひざを曲げる

「基本のやり方」のひざ曲げバージョン。こうすると脚の重さが軽くなって、負荷が減る。脚を伸ばしてできない人は、これからはじめても OK。

もっと効かせたい場合

上半身を下ろす

両ひざを立て、頭の後ろで手を組み、ゆっくりと上半身を倒していく。上半身と下半身の重さは6:4。上半身のほうが重いので、こうするとより負荷がかかって効く。

Point

終始おへそを見るようにアゴを引く。

注意

バタンと倒れてしまうことがあるので、頭の下にタオルを敷いて。

Drop Motion

02

二の腕ドロップ

Upper arm by Drop Motion

やせる部位

二の腕

実は、その人の印象を
決定づけてしまうのが二の腕。
引き締まった二の腕は、
シャープで健康的な印象をつくります。

基本のやり方

注：妊娠している方や腱鞘炎、肩に痛みのある方は、医師に相談の上行ってください。
運動中に体のどこかに強い痛みを感じた場合は直ちに中止してください。

Point

ひじを閉じ、
おへそを背中に引き上げる

ひじを閉じることで、二の腕だけにピンポイントに効く。お腹がだらっと落ちてしまうとタイムを伸ばせないので、おへそを背中側に引き上げるイメージで行う。

NG

ひじが開いてしまう

こうすると肩や首に余計な力が入り、肩こりや首が太くなる原因になってしまう。

1、四つん這いになる。肩の下に手首、脚の付け根の下にひざが来るように。
2、両ひじを曲げながら、ゆっくり上半身を下ろしていく。

負荷を軽くしたい場合

Point

ひじは開かないように。

壁に向かって行う

「基本のやり方」の立ちバージョン。壁に手をついたときに、写真のように体がやや斜めになる距離感で立つ。立って行うことで、重力を受けにくいので負荷が軽い。

もっと効かせたい場合

ひざをつかない

「基本のやり方」の腕立てふせバージョン。おへそを背中側に引き上げながら、ひじをゆっくり曲げていく。これができたら、二の腕がかなり鍛えられた証拠。

Drop Motion

03

お尻ドロップ

Buttocks by Drop Motion

一般的なスクワットは、
脚の力が必要なので
太ももが太くなってしまう。
でも、お尻ドロップならお尻だけを
ピンポイントに鍛えて、
キュッと上がった美尻に！

やせる部位
お尻
理想の秒数
60秒以上

基本のやり方

1、両足を腰幅に広げて立ち、手は頭の後ろで組み、両つま先を上げる。

2、お尻を後ろに引きながら、ゆっくり腰を下ろして、上半身を前傾させる。

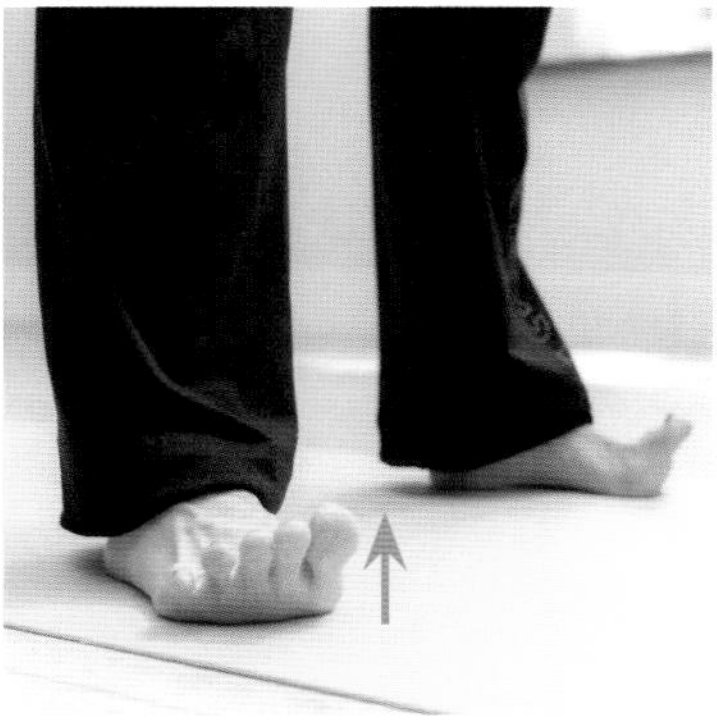

Point

お尻を後ろにぐっと引く

ひざがつま先より前方に出ないようにしながら、腰を下ろし、お尻を後方にぐっと引く。これによって「かかと重心」になり、お尻だけにピンポイントに効く。つま先を上げることで強制的にかかと重心になる効果がある。もし、太ももに効いている感覚があったら、お尻の引き方が浅いのでやり直し。

NG

お尻を引かず、ひざがつま先より前に出てしまう

こうすると太ももやひざに負担がかかるだけで、お尻に効かず、太ももが太くなってしまう。ひざを傷める原因にも。また、アゴを引きすぎると猫背になるので注意。

注：妊娠している方やひざに痛みのある方は、医師に相談の上行ってください。運動中に体のどこかに強い痛みを感じた場合は直ちに中止してください。

負荷を軽くしたい場合

壁に寄りかかる

「基本のやり方」の壁に寄りかかったバージョン。つま先を上げ、お尻で壁を押すようにしながら、腰を落として上半身を前傾させていく。壁にお尻をつけることで重力が弱まり、負荷が軽くなる。

郵便はがき

料金受取人払郵便

新宿北局承認

8890

差出有効期間
2023年7月
31日まで
切手を貼らずに
お出しください。

169-8790

154

東京都新宿区
高田馬場2-16-11
高田馬場216ビル5F

サンマーク出版愛読者係行

ご住所	〒　　　　都道府県	
フリガナ		☎
お名前		(　　　)
電子メールアドレス		

ご記入されたご住所、お名前、メールアドレスなどは企画の参考、企画用アンケートの依頼、および商品情報の案内の目的にのみ使用するもので、他の目的では使用いたしません。
尚、下記をご希望の方には無料で郵送いたしますので、□欄に✓印を記入し投函して下さい。
□サンマーク出版発行図書目録

1 お買い求めいただいた本の名。

2 本書をお読みになった感想。

3 お買い求めになった書店名。

市・区・郡　　　　町・村　　　　書店

4 本書をお買い求めになった動機は?

・書店で見て　　・人にすすめられて
・新聞広告を見て（朝日・読売・毎日・日経・その他＝　　　　）
・雑誌広告を見て（掲載誌＝　　　　）
・その他（　　　　）

ご購読ありがとうございます。今後の出版物の参考とさせていただきますので、上記のアンケートにお答えください。**抽選で毎月10名の方に図書カード（1000円分）をお送りします。** なお、ご記入いただいた個人情報以外のデータは編集資料の他、広告に使用させていただく場合がございます。

5 下記、ご記入お願いします。

ご職業	1 会社員（業種　　　）	2 自営業（業種　　　）
	3 公務員（職種　　　）	4 学生（中・高・高専・大・専門・院）
	5 主婦	6 その他（　　　）

性別	男　・　女	年齢	歳

もっと効かせたい場合

Point

かかとを上げながら、お尻を後ろにぐっと引く。

両足のかかとを上げる

「基本のやり方」のかかと上げバージョン。かかとを上げることで支点が小さくなり、体を支えるのが大変になる。

Drop Motion

04

背中ドロップ

Back by Drop Motion

理想の秒数

60秒以上

やせる部位

背中

美しい体形は、美しい背中がつくります。
どの角度から見ても綺麗な
「360度美人」になるための
とっておきのドロップモーションがこれ！

基本のやり方

注：妊娠している方やひざ、股関節に痛みのある方は、医師に相談の上行ってください。
運動中に体のどこかに強い痛みを感じた場合は直ちに中止してください。

Point

肩を開き、親指を上向きに

巻き肩にならないように、胸を開きながら行う。両手の親指が、つねに上を向くように。

NG

猫背で、巻き肩になる

肩が前に入ってしまうと、背中が使われず、引き締まらない。

1、正座し、両腕を斜め下に広げ、親指を立てて後方に向ける（外旋させる）。
2、アゴを少し上げ、背筋を伸ばして上半身をゆっくりと前傾させていく。

負荷を軽くしたい場合

椅子に座る

「基本のやり方」の椅子に座ったバージョン。床に正座しているときよりも、上半身の重さを下半身で受け止めなくてすむのでラク。ひざが痛い人やお腹が苦しい人は、この方法がオススメ。

もっと効かせたい場合

両腕を上げる

「基本のやり方」の両腕を上げたバージョン。両腕を上げることで上半身の重さが増し、前傾していく際に背中にかかる負荷が大きくなる。

Drop Motion

05

太ももドロップ

Thigh by Drop Motion

締まった脚をつくる究極の
ドロップモーションがこれ！
すらっと伸びた脚になるので、
周囲の視線が集まること間違いなしです。

理想の秒数
30秒以上
やせる部位
太もも

注：妊娠している方や腰、ひざに痛みのある方は、医師に相談の上行ってください。
運動中に体のどこかに強い痛みを感じた場合は直ちに中止してください。

1、つま先を立てて、ひざ立ちをし、両腕を肩の高さに伸ばして手を組む。
2、上半身をゆっくり後方に下ろしていく。

Point

お腹を凹ませ、背筋を伸ばす

お腹を凹ませ、背筋を伸ばして後傾することで、太ももの筋肉にピンポイントに効く。

NG

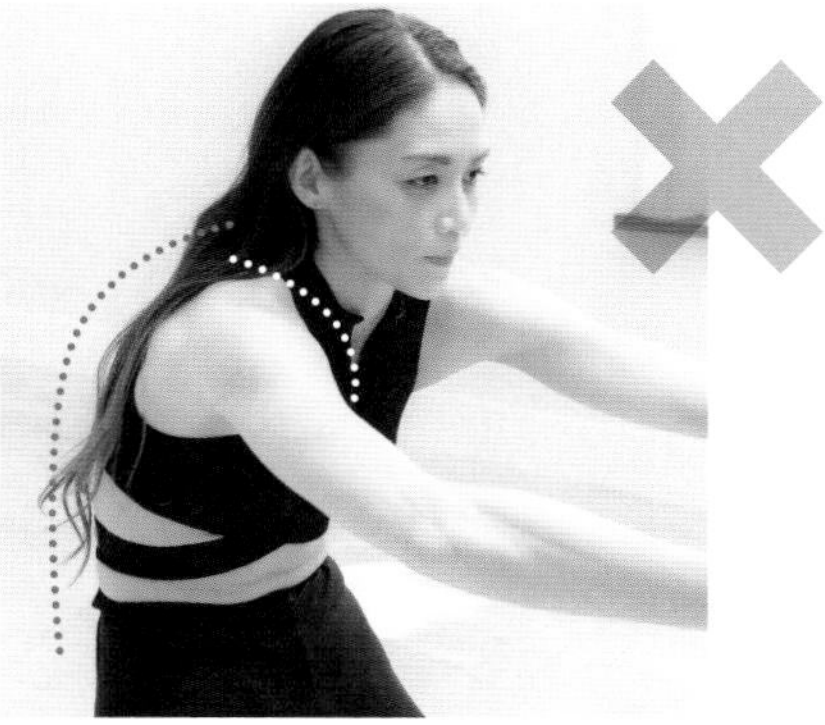

猫背で、巻き肩になる

猫背にすると、首や肩、背中に力が入って太ももに効かなくなってしまう。

負荷を軽くしたい場合

腰に手を当てる

「基本のやり方」の腰に手を当てたバージョン。腕の重さがなくなる分、太ももへの負荷が少なくなる。背筋を伸ばしながら行って。

もっと効かせたい場合

頭の後ろで手を組む

「基本のやり方」の頭の後ろで手を組むバージョン。腕の位置が上がったことで、上半身の重さが増し、太ももにかかる負荷が上がる。背筋を伸ばしながら行って。

第3章

ドロップモーションQ&A

DROP MOTION

ここでは「どの時間帯にやるのが効果的？」「甘いものは食べちゃだめ？」といったみなさんが気になる疑問、お悩みにお答えします。

Q1

ドロップモーションは「筋肉痛」があってもやって大丈夫？

はい、大丈夫です！

筋肉痛が残っているときにドロップモーションを行うと、その後の回復が遅くなるような気がするかもしれませんが、そんなことはありません。まず1週目は「1日おき」に行って体を慣らし、2週目以降は「毎日」行ってください。

Q2

どの時間帯に行うのが効果的ですか？

入浴後がオススメです

ドロップモーションを行うときは、**「体が冷えていない」**ことが大切です。朝起きた瞬間は、体が温まっておらず、動きにくい状態なので避けたほうがいいと思いますが、それ以外はいつ行っても大丈夫でしょう。特に、お風呂に入ったあとは、体が温まっていて汗をかきやすく、脂肪燃焼効果があるのでオススメです。

Q3

ドロップモーションの健康効果を教えて！

ズバリ「長生き」のもとをつくります！

生まれたばかりの赤ちゃんは筋肉が少ないので、立つことも歩くこともできません。そこから徐々に筋肉がついていき、20歳頃までには筋肉は太く、長く成長しています。一般的にはそこからだんだんと筋肉が減り、**70歳頃には20歳のときの約40％まで減少する**と言われています。**特に30～50歳代を運動不足で過ごした人は注意が必要です。**このような場合は年齢とともに、急激に筋肉量が減ることもあります。

筋肉が減ると、**肺炎や感染症、糖尿病、免疫システムの低下**など、様々な病気のリスクが高まります。厚生労働省の報告（2015年2月）によると、筋肉量の少ない高齢男性は、多い男性に比べて、**死亡率がなんと約2倍になる**という調査結果がまとめられています。

筋肉には、体をしっかりと支え、動かし、エネルギーを蓄えるという重要な役割があります。言わば体にとってのエンジンです。このエンジンの機能がしっかりしてい

るほど、長生きできるわけです。
ドロップモーションは、お腹、二の腕、お尻、背中、太ももという体を動かすのに重要な筋肉群を効率的に鍛えることができます。またこれによって、**心臓をはじめとする臓器を若返らせる効果も期待でき、呼吸も深くなります。**
生命維持のための運動は、すべて筋肉の収縮が原動力になっています。日々の暮らしにドロップモーションを取り入れれば、やせて、さらに健康になる効果が期待できます。

Q4

やはり食事を減らしたほうがやせますか？

食事の回数はむしろ増やしたほうがいいです！

せっかくダイエットするのだから、食事も減らして「一気にやせたい！」と考える人がいますが、これはむしろ逆効果です。筋肉の量を増やすためには、細胞内でたんぱく質の合成が必要で、これは食事を摂るたびに行われます。

ですから、これまで1日に3回の食事をしていた人は、4回に増やしたほうが筋肉量は増える確率が高まります。とはいえ、1日に摂るエネルギーの量が増えてしまうと太るので、**「食事量は変えずに、食事回数を増やす」**が正解です。

なお、ダイエットの大敵はストレスからくる「ドカ食い」（過食）です。これを防ぐ方法は、終章でお話しします。

Q5

甘いものは食べちゃだめですか？

食べるならドロップモーション後がオススメ！

そもそも、なぜ甘いものを食べると太るのでしょうか。糖質を摂ると血糖値が上が

り、インスリンというホルモンが分泌されます。このホルモンは炭水化物や糖を脂肪細胞に「ため込む」働きをするため、脂肪が増え、太るわけです。

一方で、インスリンは筋肉を増やす役割もあるので、糖質をまったく摂らないのもよくありません。甘いものを食べるなら、ドロップモーション後がオススメ。トレーニング後はインスリンが脂肪細胞に働きかけにくいからです。大好きなスイーツをずっと我慢するのもストレスです。ですから、**「週に1回、ドロップモーションのあと」と決めて、がんばった自分へのご褒美にする**といいでしょう。

Q6

ドロップモーションを日常生活に取り入れる方法を教えて！

2つの方法をお伝えします！

1、階段は上らず、下りる！

ダイエット本のほとんどは「積極的に階段を上ってください」と書いてありますよね。でも、その必要はありません。「上る」より「下りる」動作のほうがダイエット効果が高いので、上りはできるだけエスカレーターやエレベーターを使い、**下りは階段で下りてみてください。**

＊くれぐれも転倒にはご注意を。

2、椅子にゆっくり座る！

日常に取り入れるドロップモーションの代表が「椅子に座る」ことです。試しに1日に椅子に何回座るか数えてみてください。ちなみに私は、46回でした。その際に、70ページの「お尻ドロップ」をするように、**ゆっくりとした動作で座ってみてください。**その都度、お腹、お尻、太ももをシェイプできます。

第4章

ニューヨーク式疲労回復ストレッチ

DROP MOTION

ドロップモーションは、筋肉を「伸ばしながら」鍛えるトレーニング法です。「上げる」「上《のぼ》る」といった筋肉を「縮めながら」鍛えるトレーニングに比べて、体感的にラクなのに、筋肉への負荷は強く、やせたい部位にピンポイントに効き、後日、筋肉痛も起こりやすくなります。

筋肉痛を抱えて行っても、効果が落ちることはありませんが、**できれば毎回、快調な状態で行いたいものです。**そのほうが「やる気」になります。

そこで、ドロップモーションのあとには、過度に疲労をためないように**「クールダウン」**を行うのがオススメです。ここで言うクールダウンとは「ストレッチ」のこと。ストレッチしておくと、**疲労の回復スピードが速くなり、ダイエットへのモチベーションが続きやすくなります。**

とはいえ、ストレッチはやみくもに行うと、かえってダイエット効果を弱めてしまったり、ケガをしてしまったりします。次の3つのポイントをしっかり守りながら、実践してみてくださいね。

ストレッチはドロップモーションの「あと」に行う！

Point 1

筋トレをやる前に「ストレッチ」を行うことには重大な欠点があります。２００４年、カナダのＳＭＢＪ病院のシュライアー医師は、**「筋トレ前のストレッチは、筋力や瞬発力を低下させる」**ことを発表しました。その後、多くの研究者によって同様の報告がなされています。

ストレッチには、筋肉を静的に伸ばす「スタティック（静的）・ストレッチ」と、動的に伸ばす「ダイナミック（動的）・ストレッチ」の2つがあり、前者を行うと、**副交感神経が優位になり筋力が低下してしまう**ことがわかっています。

また、筋肉内には筋肉の「伸ばされ方」を測るセンサーである「筋紡錘《きんぼうすい》」があり、これはストレッチをすると感度が下がり、筋力を発揮しづらくなります。こうなると、筋トレの効果が減少してしまいます。

ストレッチは、筋トレのあとにすることで、筋肉の血流量をアップさせて疲労回復の効果を発揮します。ドロップモーション後に、筋肉をほぐすために軽くストレッチをすると、疲れがとれ、体が心地よくなるでしょう。長時間やるとかえって筋肉が疲労してしまうので、5～10分程度で十分です。

筋肉は「吐く息」で伸びやすくなる！

Point 2

筋肉を伸ばすときは「ふー」と息を吐くことが大事です。筋肉と呼吸には深い関係があります。「自律神経」という言葉を聞いたことがあると思います。息を吸うときは、緊張を「オン」にする交感神経が優位になり、吐くときには、緊張を「オフ」にする副交感神経が優位になります。副交感神経が優位になると、筋肉はスーッと緩みやすくなるので、息を「吐いた」ほうが、ストレッチの効果は高くなるわけです。

いちばん良くないのは、力を入れて呼吸を「止める」ことです。こうなると血管が圧迫されて血圧が上がり、血管のストレスになってしまいます。

私はヨガの専門家でもあり、それは呼吸の専門家であることを意味します。ここでは、ストレッチ中に気持ちよく筋肉を伸ばすための「とっておきの呼吸法」をお伝えしますので、実践してみてください。

呼吸の基本は「吐く」こと。鼻から3秒吸い、口から7秒かけてゆっくり吐く。

「イタ気持ちいい」がいちばん伸びる！

Point 3

ストレッチ中は「がんばる」意識を捨ててください。がんばって伸ばせば伸ばすほど、逆効果になってしまいます。前述の通り、筋肉には「筋紡錘《きんぼうすい》」というセンサーのようなものが埋め込まれています。このセンサーは、「筋肉の長さ」をモニターしていて、**「これ以上伸ばすと危険ですよ！」というところまで伸ばされると、身を守るために「縮め！」というサインを反射的に出します。**

一見、体が柔らかそうに見えるヨガのインストラクターの中にも、実は柔軟性がなくて悩んでいる人がたくさんいます。彼女たちの多くは、柔軟性の必要なポーズを無理やり練習しすぎた結果、かえって筋肉が縮んでしまったのです。

がんばって伸ばしたのに、かえって硬くなったのでは悲しいですよね。

ストレッチ中は、できるだけリラックスし、「伸ばしすぎない」ことが大切です。単に気持ちいいだけだと伸びが足りないし、痛いところまで伸ばしてしまうと筋肉が縮んでしまいます。そのため**「イタ気持ちいい」**を目安にしてください。

ストレッチの「3つのポイント」まとめ

ストレッチはドロップモーションの「あと」に行う！

筋肉は「吐く息」で伸びやすくなる！

「イタ気持ちいい」がいちばん伸びる！

以上の3つのポイントを意識してストレッチを行うことで、いいコンディションを保つことができ、ダイエットのモチベーションも続きます。ドロップモーションはお腹、二の腕、お尻、背中、太ももの筋肉を鍛えるので、これらの部位をじっくりと伸ばすストレッチが最適です。

ここでは部位別に5つの疲労回復ストレッチをご紹介しますので、その日どの部位が疲労しているかによって、チョイスしてください。毎回5つ全部を行う必要はまったくありません。お気に入りのものを一つだけ行ってもいいし、2つ、3つ行っても構いません。

大切なことはリラックスしながら、「イタ気持ちいい」を目安に伸ばすこと。決して、がんばらず、ドロップモーションのあとの、**体をいたわってあげる「癒しの時間」**にしてください。

01

腹筋ストレッチ

「腹筋ドロップ」（P58参照）でお腹の筋肉を鍛えたあとに有効なストレッチ。腹筋の柔らかさを保つことは、腰痛予防などにも効果的。

回数

左右
1回ずつ

呼吸

3秒吸って、
7秒吐きながら
ひねる

伸びる部位

お腹

1、壁から少し離れて立ち、肩の高さで両手を広げる。
2、3秒吸いながら背筋を伸ばし、7秒吐きながら上半身を右側にひねり壁に手をつく。反対側も同様に。

注：妊娠している方は避けてください。

Point

背筋を伸ばして
ひねる

背筋をまっすぐ伸ばすことでお腹だけをストレッチできる。

NG

下を向いて
猫背になってしまう

猫背になるとひざをひねったり、肩に力が入ったりして、ケガやコリの原因になる。

Stretch

02

二の腕ストレッチ

回数

1回

「二の腕ドロップ」（P64参照）で
二の腕の筋肉を鍛えたあとに
有効なストレッチ。
二の腕の筋肉を伸ばしながら、
肩関節も柔らかくなるので
肩こりもラクになる。

呼吸

3秒吸って、7秒吐きながら曲げる

伸びる部位

二の腕

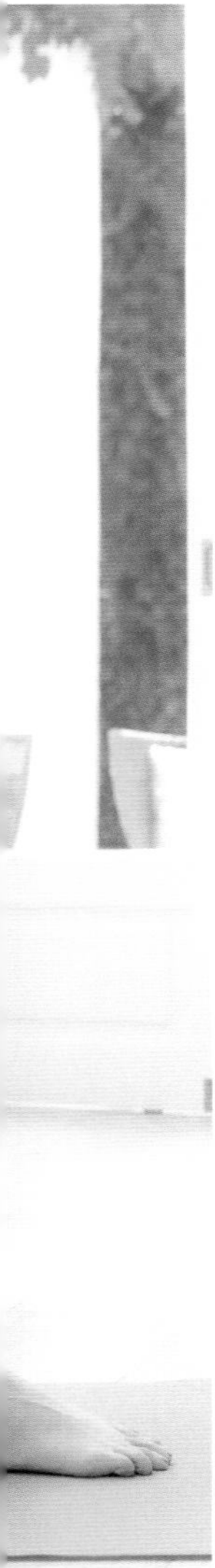

Point

**ひじは開かない。
終始おへそを見ながら行う**

ひじは後方に向かって 90 度曲がるように。つねにおへそを見るように行って。

NG

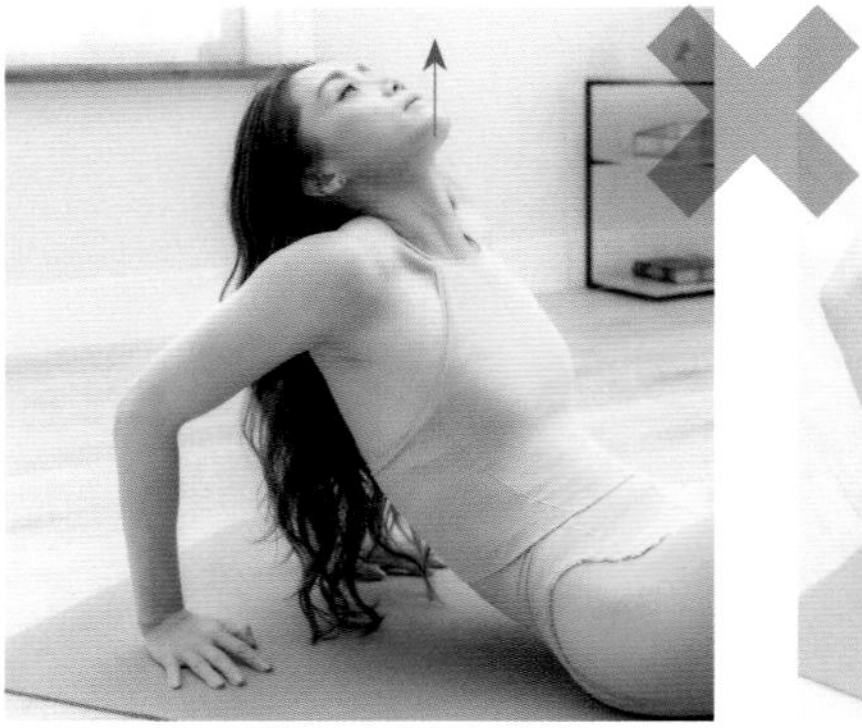

ひじを開く。アゴが上がる

ひじを開くと二の腕が伸びず、肩関節に負荷がかかってしまう。アゴが上がると首を傷める危険性があるので注意。

注：腱鞘炎や肩の脱臼癖のある方は、医師に相談の上行ってください。

1、両ひざを立てて座り、できるだけ後方に手をつく。このとき手の指先は自分を向くように。
2、3秒吸って、7秒吐きながらひじをゆっくり曲げていく。腰、背中が徐々に床につくように。決して無理せず、ひじが曲がるところまででOK。

Stretch

03 お尻ストレッチ

回数

左右
1回ずつ

「お尻ドロップ」（P70参照）で
お尻の筋肉を鍛えたあとに
有効なストレッチ。
ヨガでは「鳩のポーズ」という。
腰痛予防の効果もあり。

呼吸

**3秒吸って、
7秒吐きながら
伸ばす**

伸びる部位

お尻

注：ひざに痛みのある方は、医師に相談の上行ってください。

1、床に座って左脚を曲げ、右脚を後方に伸ばしてひざを下に向ける。両手は床につく。
2、3秒吸って、7秒吐きながら上半身を前傾させていく。お尻が伸びているのを感じて。決して無理せず、いけるところまででOK。脚を入れ替えて反対側も同様に。

Point

骨盤が床と平行になる

左右の骨盤が床と平行になれば、お尻がしっかり伸びる。

NG

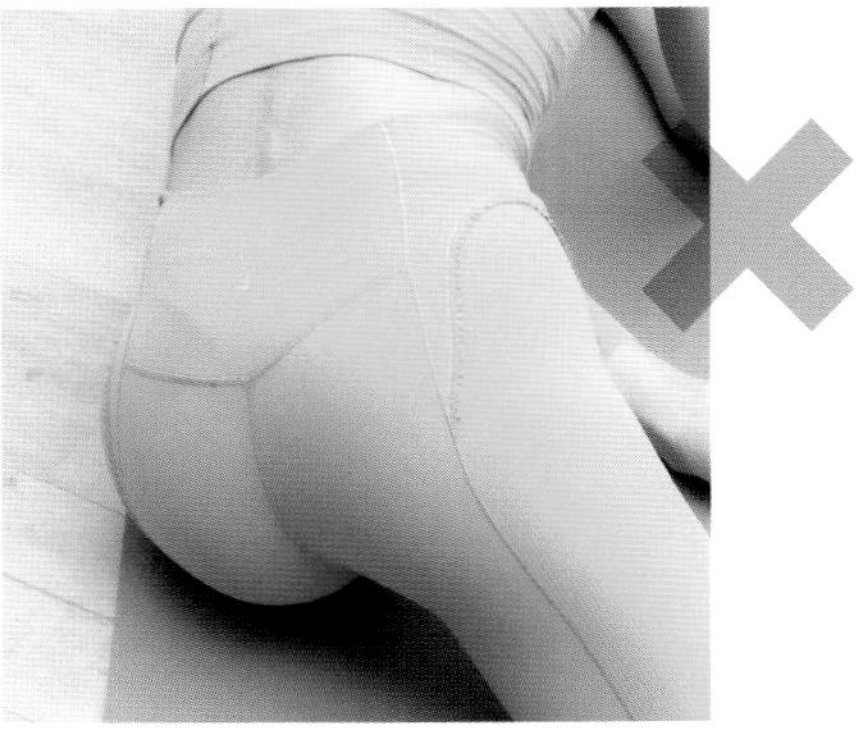

片側に重心が傾いてしまう

重心が傾いて斜めになってしまうと、お尻が伸びない。

04

背中ストレッチ

「背中ドロップ」（P76参照）で背中の筋肉を鍛えたあとに有効なストレッチ。背中は体の中でも特に面積の広いところ。ここを柔らかくすることで、しなやかな体になる。腰痛や肩こり、首こりを予防する効果も。

呼吸

3秒吸って、7秒吐きながら曲げる

伸びる部位
首
背中
腰
回数
1回

1、壁から少し離れて立ち、頭の後ろで手を組み、肩、背中、お尻が壁にぴったりつくようにする。

2、3秒吸って、7秒吐きながら頭を前傾させて背中を丸めていく。

Point

壁に背中を押しつけながら丸める

背中を壁にしっかり押しつけながら、頭と首を丸めていくことで、背中がしっかり伸びる。

NG

壁から背中が離れる

壁から背中が離れ、腰が反ってしまうと、背中が伸びない。腰を傷める危険性もあるので注意。

注：妊娠している方は、医師に相談の上行ってください。

Stretch

05 太ももストレッチ

回数

左右
1回ずつ

呼吸

3秒吸って、
7秒吐きながら
伸ばす

「太ももドロップ」（P82参照）で
太ももの筋肉を鍛えたあとに有効なストレッチ。
太ももは大きな筋肉なので、
ここを柔らかく保つと、
体の動き全体がしなやかになる。

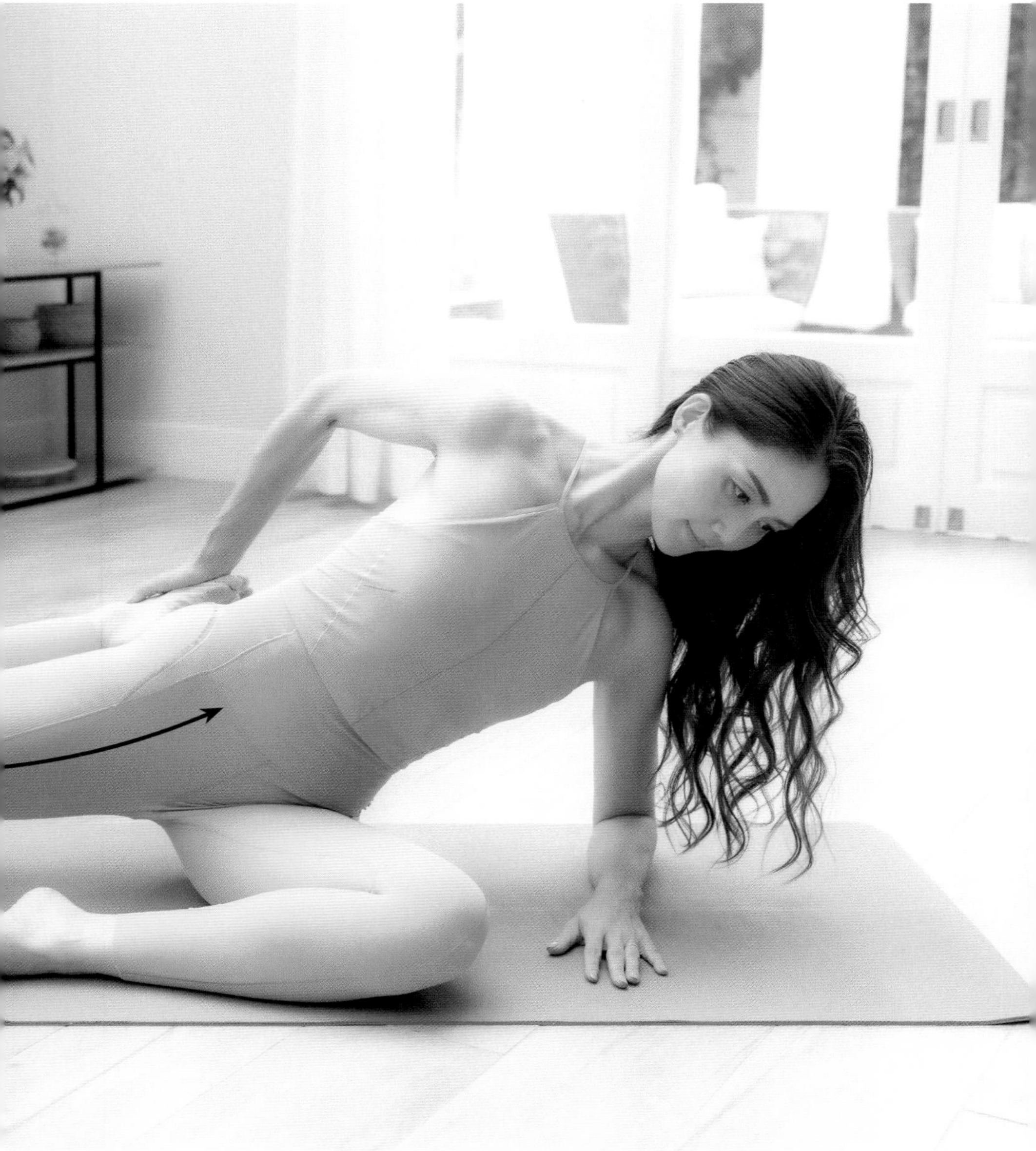

注：ひざに痛みのある方は、医師に相談の上行ってください。

Point

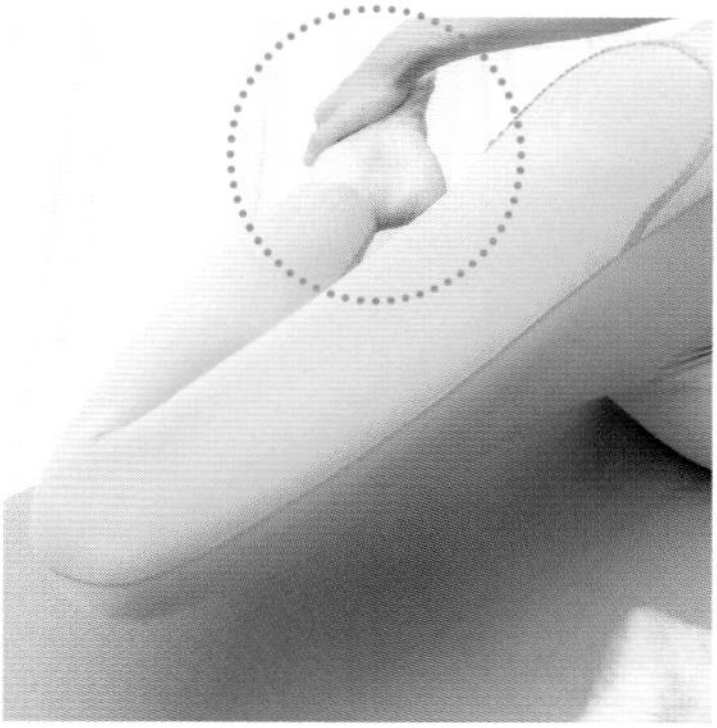

もも裏にかかとがつくように

かかとをもも裏につけるようにして、前ももが伸びていることを感じて。このとき、ひざと足先が床と平行になるように。

NG

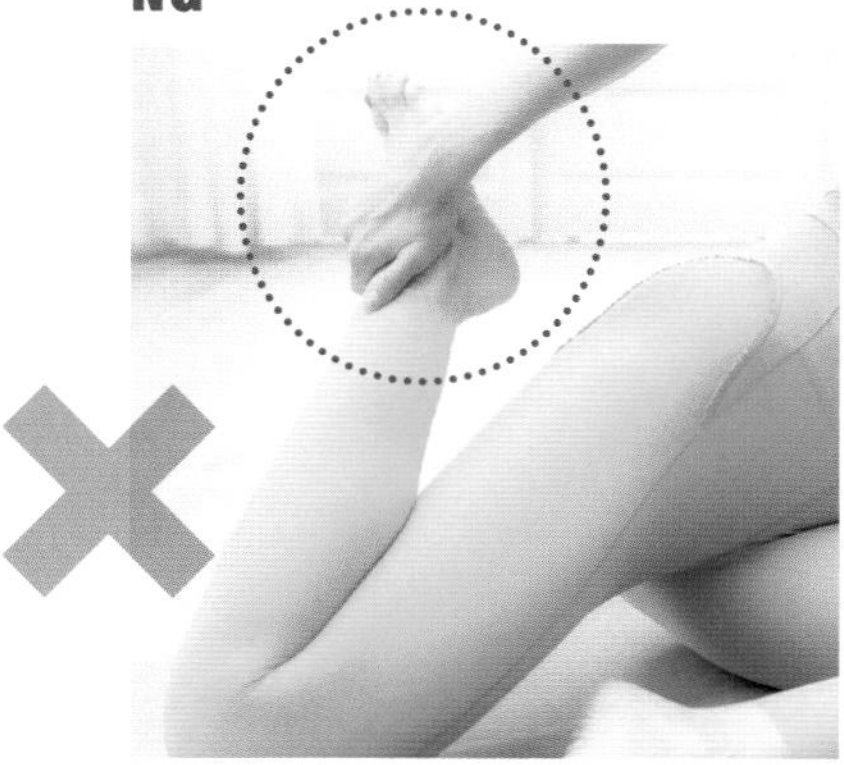

足先が上がってしまう

足先がひざより上がってしまうと前ももが伸びず、ひざを傷める原因にも。

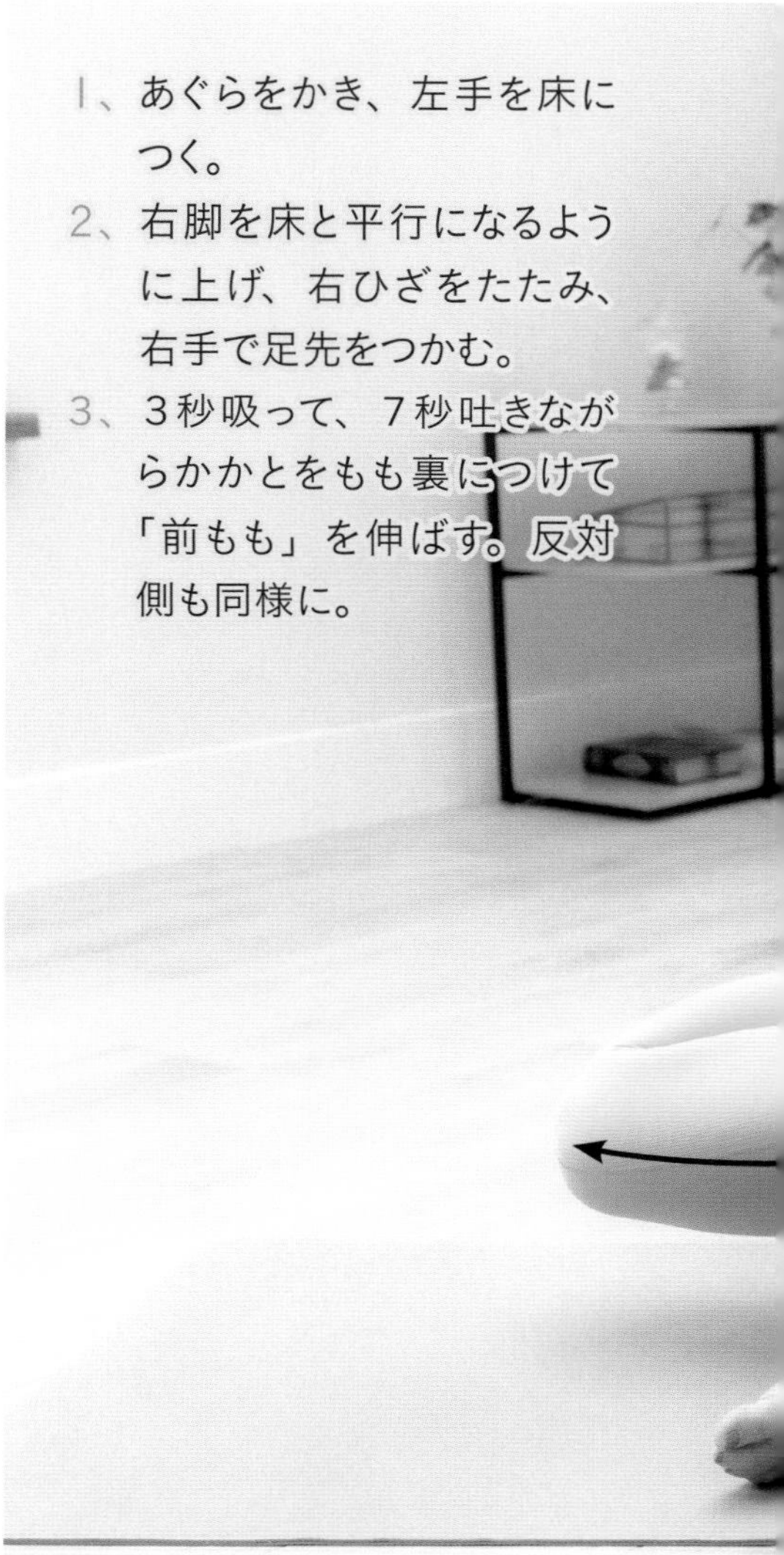

1、あぐらをかき、左手を床につく。
2、右脚を床と平行になるように上げ、右ひざをたたみ、右手で足先をつかむ。
3、３秒吸って、７秒吐きながらかかとをもも裏につけて「前もも」を伸ばす。反対側も同様に。

終章

「ドカ食い」を防ぐドロップ瞑想とは!?

DROP MOTION

本書の最後に、もう一つだけ「ドロップ」してほしいものがあります。
それは、「あなた自身」です。
一体どういうことでしょうか。

ドロップモーションに限らず、あなたがいかなるダイエットをしていようと、その大敵があります。**「過食」――食べ過ぎです。**消費カロリーと摂取カロリーの話を持ち出すまでもなく、何キロ走ろうと、何キロ泳ごうと、ストレスによって食べ過ぎてしまえば、その努力は水の泡です。

巷《ちまた》には「食べながらやせる」という謳《うた》い文句のダイエット法がたくさんあります。人間ですから、どうしたって「食べながら」やせるしかないわけですが、では「食べ過ぎてもやせる」かというと、それはさすがに無理な話です。

ドロップモーションは、世界最先端の筋トレの知見をもとに、私ができるだけ効率よくダイエットできるように開発したプログラムです。このダイエット中は、ふだんの食事を変える必要はありませんが、ふだんよりたくさん食べても（カロリー摂取しても）やせるかというと、それは難しいとはっきりお伝えしておきます。

あなたを「過食」に導くもの

「ドカ食い」によるダイエットの失敗や、ダイエット終了後の「一気食い」によるリバウンド。これらの原因は、脳科学的に説明されることもありますが、私はあえて「心」の動きとしてお話をしていきたいと思います。

私は長年、ニューヨークでヨガの指導者を育成する仕事をしています。そこで、いつも生徒さんにする話があります。それは**「心」と「本当の自分」はまったく別のもの**だということです。

よく「自分の心の声に従いなさい」（Listen to your heart）といった教えがありますよね。頭で考えてから決断したり、行動したりするのではなく、「心のまま」に今を生きなさいという思いが込められているのでしょう。

しかし、ヨガの教えはこれとは真逆のものです。心はつねに動き、驚き、暴れ、乱れます。特にダイエット中は、ストレスを感じる人も多いので、このような心の動きはさらに活発になります。その都度、**「心のまま」に従って生きていると、自分を苦しめたり、傷つけたりしてしまう。**

樹木には果実や花がつきますが、それらは目まぐるしく色を変え、咲いたり、枯れたりします。だからこそ美しく、儚《はかな》いわけです。まるで「心」の動きのようです。

しかし、もともと樹木にとって最も大切だったものは「種」です。種がなければ、樹木は存在すらしませんし、しっかりとした根を生やすこともできません。種を植え、強い根が生えることで樹木は生長し、長きにわたって堂々と「そこにいる」のです。

この種こそが、「本当のあなた」です。

「心」と「本当の自分」は別物――。こう認識することからヨガの学びははじまります。

あなたを苦しめる「心」の振る舞い

もう少し、話を深めてみます。「心」と「本当の自分」は別物であるはずなのに、心はしばしば「私自身」であるかのように振る舞います。そのときそのときの心の動きこそが、私自身だと。ところが、心はとっても移り気です。怒り、悲しみ、喜び、落ち込み、ときに絶望したりもします。

これまでに何度もダイエットに失敗したり、自分の理想の体形とほど遠かったりすると、さらに落ち込みやすくなり、自己肯定感も低くなってしまうでしょう。

でも、本当のあなたは、何かに熱中する情熱があったり、友人との時間を楽しんだり、大切な人を愛したり、未来に希望をもっていたりするはずです。**そんな「本当の自分」を見失い、激しい心の動きに振り回されてしまうのはもったいないことです。**「過食」という悪魔は、そんなときに悪い笑みを浮かべてやってくるものです。

海をイメージしてください。海面は、嵐が来て大暴れしたかと思うと、小波のように落ち着き、また何かのきっかけで荒れ狂います。「心」も同じです。心に振り回されることでエネルギーを激しく消耗した結果、あなたは「本当の自分」を見失ってしまいます。

しかし、海で「風」の影響を受けるのは、あくまで海面です。**深いところは、嵐のときも穏やか**。その証拠に、魚たちは嵐が来れば、深く潜って避難します。「心」はあくまで海面の波のようなものです。**「本当の自分」は海のもっともっと深いところに堂々といるもの。**深く潜ることで本当のあなたは見つかるのです。

そうして、深く潜るためには、海面の波を穏やかにする必要があります。嵐の日には、世界屈指のダイバーといえども深く潜ることはできませんから。

この章の冒頭で「あなた自身をドロップしてください」とお伝えしました。もうおわかりの方もいるかもしれませんね。

海面で「心の嵐」を受けていたのでは、過食から逃れられません。そこで、**あなた自身をゆっくりと海の深いところに落としていってほしいのです。**海の深いところは穏やかで、海面に比べて天敵の数もぐっと減ります。優しく、静かなところに身を下ろしていき、穏やかな気持ちになるのです。

とはいえ、こうしてお話ししているだけでは、どうやってイメージしていいかわからないかもしれませんね。そこで、そのイメージを「実践」する方法をお伝えします。私はこれを**「ドロップ瞑想」**と呼んでいます。**大切なのは「呼吸」です。**後ほど詳しい方法をご紹介しますので、ぜひ実践してみてくださいね。

こうして、あなたは本当の自分に戻り、今までよりも深く呼吸ができるようになり、しばらく味わったことのない「リラックス状態」になります。

がんばって、がんばって、つねに緊張した「オン」の状態から、体のどこにも力の入っていない「オフ」の状態になるのです。

荒れた心を穏やかになるよう「薄めていく」ことを、ヨガでは**「心を止滅させる」**という言い方をします。

ダイエットの大敵とも言える「過食」は、心が荒れたときに起こりがちです。ここでご紹介する「ドロップ瞑想」を、ドロップモーションのあとに習慣として「1分ほど」行ってもいいですし、「今、心がざわついているな」というタイミングでじっくり行ってもいいでしょう。

ダイエット期間中は、できるだけ心を「薄めて」、穏やかに過ごすようにしてみてください。

Meditation

ドロップ瞑想

やり方

仰向けに寝て、手のひらを上に向け、
自分が海面に浮かんでいることを
想像してください。
風は強く、浮かんでいるのがやっとです。
3秒吸ってお腹をふくらませ、
7秒かけて吐きながら
お腹を引っ込めていきます。
お腹が床に向かって落ちていくようにする。

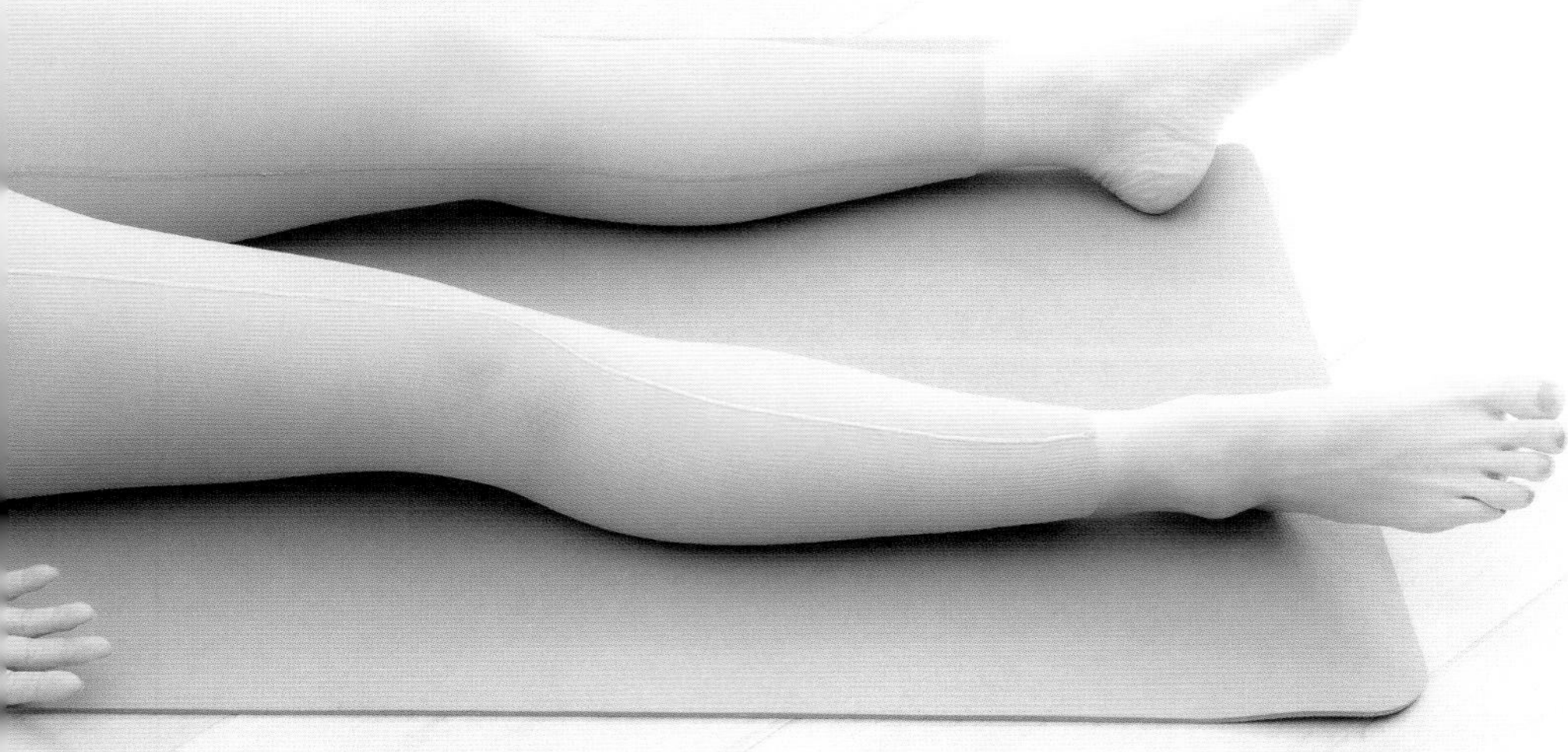

注：仰向けに寝ると腰が痛い場合は、両ひざを軽く曲げてください。

このときに、海の底に向かって
あなた自身が沈んでいく
イメージをもってください。
3秒吸ってそこにとどまり、
7秒吐きながら沈んでいく。
3秒吸ってそこにとどまり、
7秒吐きながら沈んでいく。
これをくり返し、
ゆっくりと海の底に沈んでいきます。
海面の嵐がウソのように、
海の中は穏やかです。
荒れた心は、だんだんと薄まってきて、
やがて消えていきます。

ダイエットというと「やせる」ことばかりに意識が行きがちですが、私が本書で追求したかったのは、「やせながら、ヘルシーになる」ということです。

そこで白羽の矢が立ったのが、体を「下ろし」（伸ばし）ながら筋肉をつける「エキセントリック・トレーニング」でした。

「筋肉」は人間にとってエネルギー源であり、エンジンです。一般的に、年齢を重ねると筋肉の量は減ってきます。長い期間、運動不足に陥ると筋肉は萎縮《いしゅく》をしてしまい、動くのが億劫《おっくう》になったり、転倒しやすくなったりします。

これは何も高齢者に限った話ではなく、若い人であっても筋肉量が極端に少ない人はいます。

世界を揺るがした新型コロナウイルスの影響で、外出機会が減って運動不足になったことで、「太った」だけでなく、体のエネルギー（体力）が落ちたことを感じる人も多いのではないでしょうか。

人間は1週間ほど「寝たまま」の状態でいると、筋力が10～15％低下するといわれています。さらにこの期間が「1か月」に延びると、筋力はなんと50％も低下してしまいます。

宇宙飛行士が地球に戻ったときに、自力では立てない様子を見たことがある人も多いでしょう。あれは、筋力を必要としない「無重力」の宇宙空間にいたことにより、急激に筋肉が衰えた結果です。

ドロップモーションを生活に取り入れることで、スタイルは良くなり、同時に体のエネルギー源である「筋肉」を増やすことができます。これによってあなたの健康寿命も延びるはずです。

ドロップモーションは、「やせる」ことと「健康になる」ことの二兎《にと》を追い、叶えるものです。本書が、あなたの体を整え、人生を輝かせますように。

石村友見

STAFF

BOOK DESIGN …… 鈴木大輔 ／ 仲條世菜（ソウルデザイン）
PHOTOGRAPHER …… 榊智朗
坂本あゆみ（P11、93、95）
HAIR AND MAKEUP …… KIKKU
PROOFREADER …… 鷗来堂
SPECIAL THANKS …… 江國冴香 ／ 船戸千登美
EDITOR …… 黒川精一（サンマーク出版）

石村友見 *Tomomi Ishimura*

ニューヨーク在住。「ゼロトレ」考案者であり、ヨガスタジオ「Body Tone New York」代表。劇団四季の『ライオンキング』に女王サラビ役で出演。退団後ニューヨークへ渡り、35歳のときに2000人がオーディションを受けたブロードウェイ・ミュージカル『ミス・サイゴン』でミス・チャイナタウン役に抜擢。その後、ニューヨークにてヨガスタジオを設立。一人一人の体が変わる瞬間に立ち会えることを喜びと感じ、“Change”をテーマにこれまで5万人以上の体を変えてきたボディメイクのプロフェッショナル。プロのヨガ講師を育成する「ニューヨーク・ヨガ留学」においては1000人を超える卒業生を世界に輩出。

体の各ポジションを元（ゼロ）の位置に戻すことでキレイにやせ、不調を改善する「ゼロトレーニング」（通称「ゼロトレ」）を発表すると、その効果を聞きつけたハリウッド女優、トップモデル、アスリートなどがパーソナルトレーニングを求めて殺到。2018年5月に日本で出版した初の著書『ゼロトレ』（小社刊）は86万部を超える大ベストセラーとなり、『中居正広の金曜日のスマイルたちへ』『嵐にしやがれ』『林先生が驚く初耳学！』『王様のブランチ』など、人気テレビ番組からの出演オファーが殺到。その後に発売した『動かないゼロトレ』も15万部を突破し、シリーズ100万部を達成した。

カレンダー」の使い方

毎日記入することで、モチベーションを高めてくださいね！

ドロップモーションは体重のみならず、ウエストのサイズダウンにも劇的な効果を発揮します！ このカレンダーを記入すれば、ドロップモーションの「秒数」が増えることで、体重やウエストが減っていく楽しみを味わえます！ 基本は「4週間」。そのため、カレンダーの表面には「1～4週分」を、裏面にはさらに継続したい方のために「5～8週分」を記入できるようになっています。

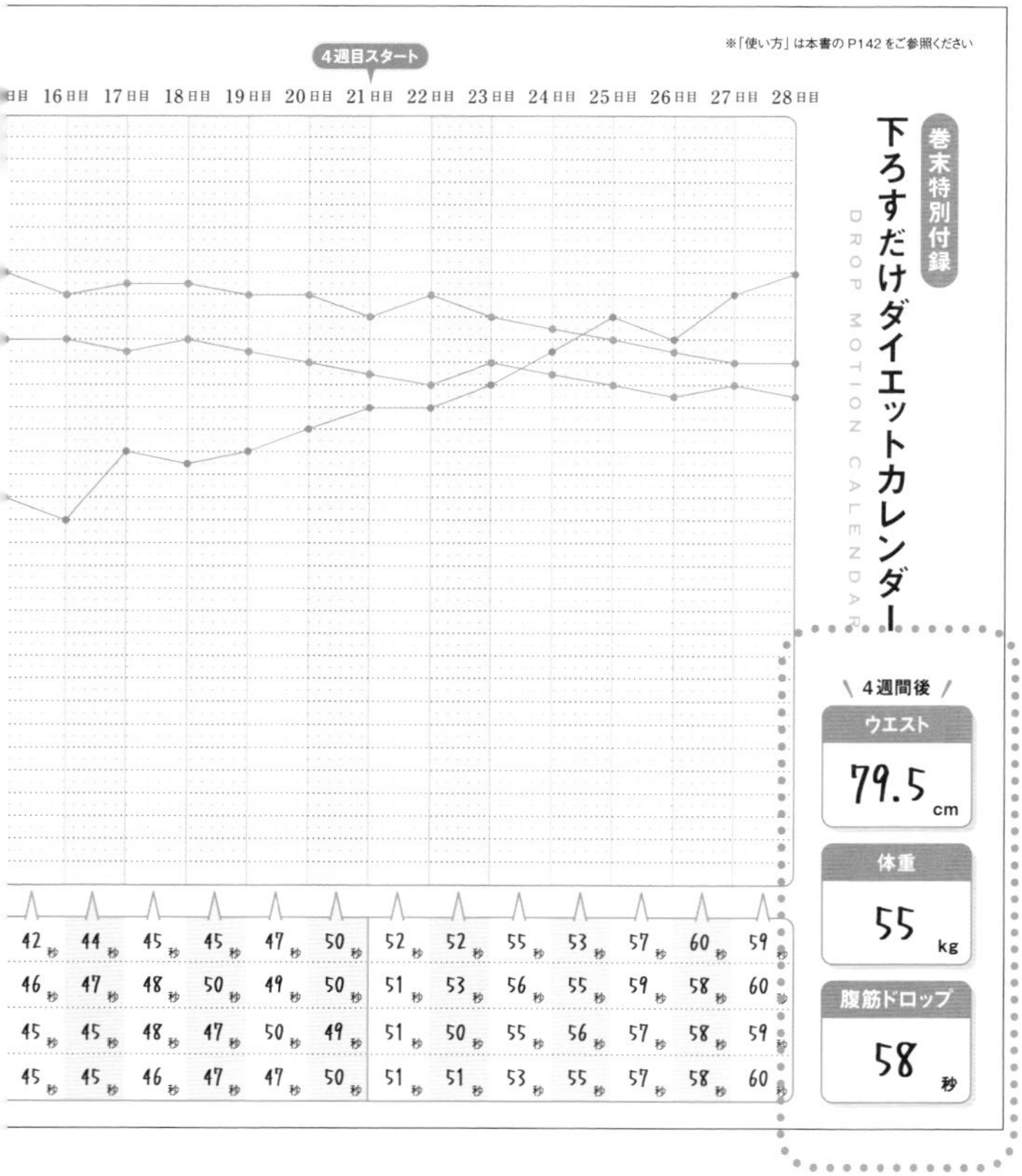

＼ 4週間後 ／

ウエスト
cm

体重
kg

腹筋ドロップ
秒

いよいよゴール！

4週間後の結果を記録してください。

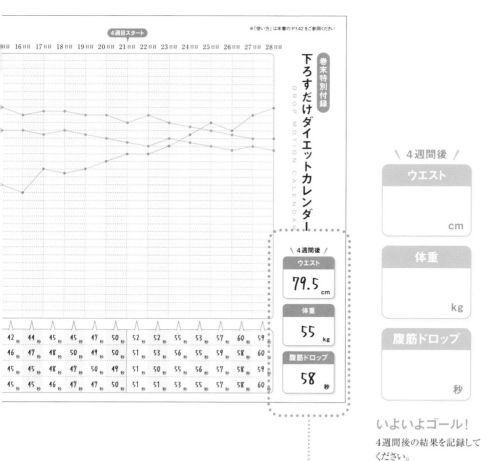

巻末特別付録「下ろすだけダイエット

＼スタート時／

ウエスト

cm

体重

kg

／スタート時＼

ウエストと体重を記入！

スタート時のウエストと体重を書きます。

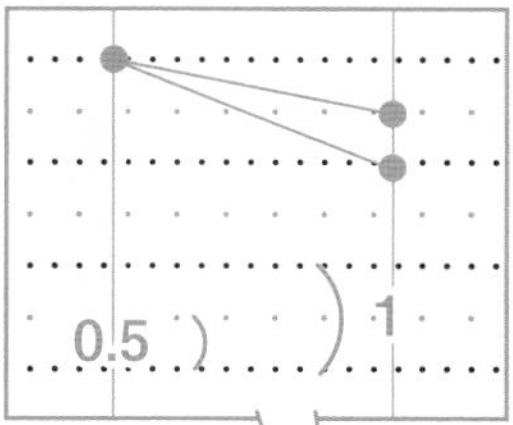

単位は「0.5」と「1」

0.5 ………… cm/kg/ 秒

1 …………… cm/kg/ 秒

枠の単位は緑色の点線が「0.5」、黒の太点線が「1」です。cm、kg、秒それぞれをグラフに記入してください。

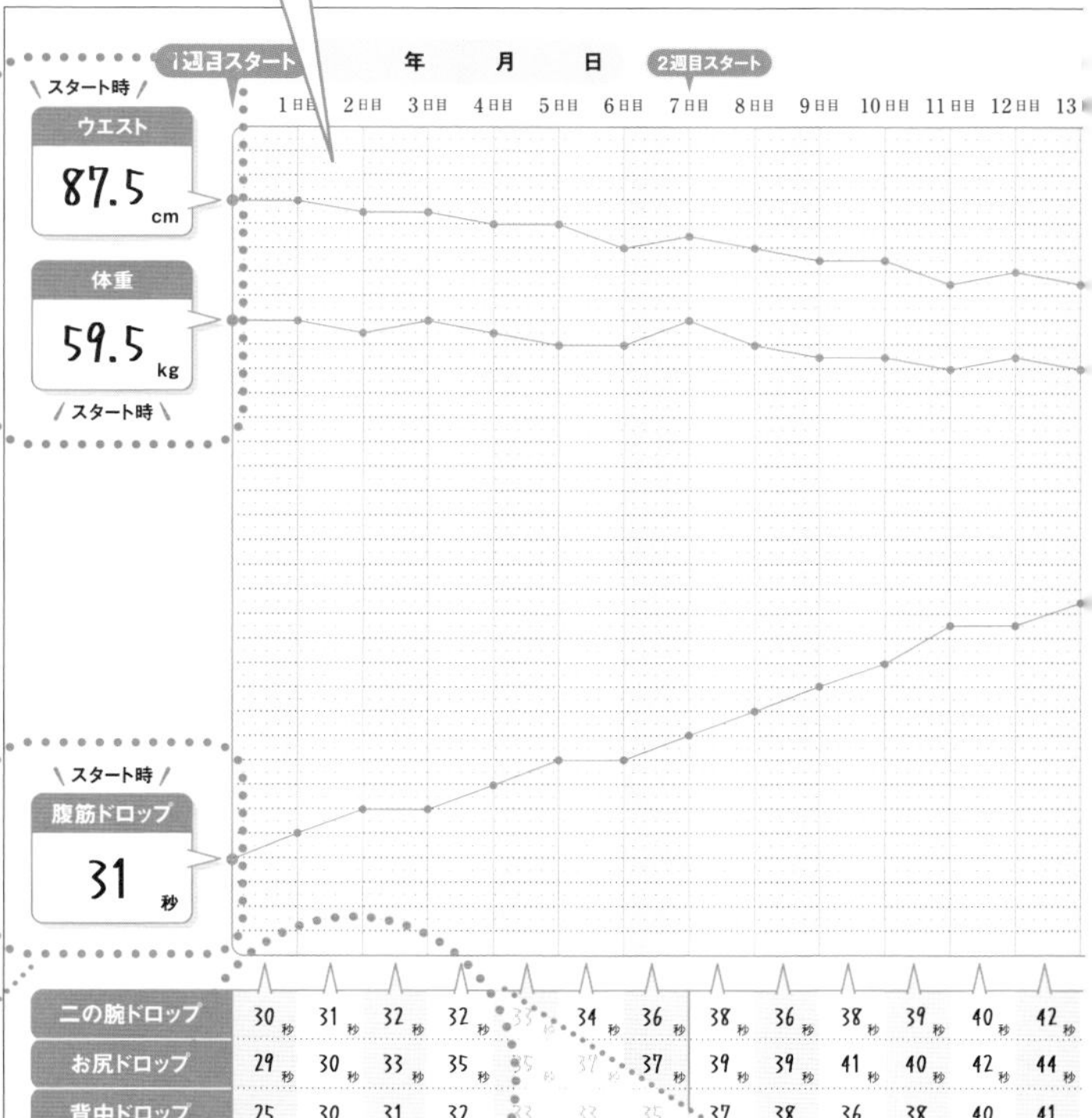

二の腕ドロップ	30秒	31秒	32秒	32秒	33秒	34秒	36秒	38秒	36秒	38秒	39秒	40秒	42秒
お尻ドロップ	29秒	30秒	33秒	35秒	35秒	37秒	37秒	39秒	39秒	41秒	40秒	42秒	44秒
背中ドロップ	25秒	30秒	31秒	32秒	33秒	33秒	35秒	37秒	38秒	36秒	38秒	40秒	41秒
太ももドロップ	30秒	29秒	30秒	31秒	33秒	34秒	35秒	35秒	38秒	40秒	39秒	40秒	41秒

腹筋ドロップは何秒できたか !?

ドロップモーションはウエストのサイズを劇的に減らします。そこで、その中心的役割を果たす「腹筋ドロップ」を何秒かけて行えたか、記録してください。

＼スタート時／

腹筋ドロップ

秒

腹筋ドロップ以外の4つのドロップモーションの「秒数」も記録すると、タイムが伸びる楽しみを味わえます。

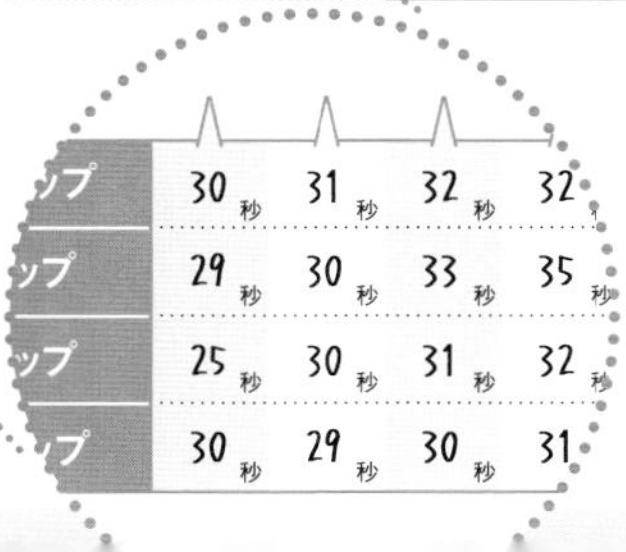

DROP MOTION
下ろすだけダイエット

2021年1月18日　初版発行
2021年7月30日　第7刷発行

著者
石村友見

発行人
植木宣隆

発行所
株式会社サンマーク出版
〒169-0075
東京都新宿区高田馬場 2-16-11
電話　03-5272-3166（代表）

印刷
共同印刷株式会社

製本
株式会社若林製本工場

ISBN978-4-7631-3885-9 C0036

ホームページ　https://www.sunmark.co.jp